Wilhelm Lübke

Abriß der Geschichte der Baustile

Wilhelm Lübke

Abriß der Geschichte der Baustile

ISBN/EAN: 9783743363823

Hergestellt in Europa, USA, Kanada, Australien, Japan

Cover: Foto ©ninafisch / pixelio.de

Manufactured and distributed by brebook publishing software
(www.brebook.com)

Wilhelm Lübke

Abriß der Geschichte der Baustile

Abriß

der

Geschichte der Baustyle.

Als

Leitfaden für den Unterricht und zum Selbststudium

bearbeitet von

Dr. Wilhelm Lübke,

Prof. der Kunstgeschichte am Polytechnikum u. an der Kunstschule in Stuttgart.

Dritte gänzlich umgearbeitete und vermehrte Auflage.

II. Abtheilung:
Die Baustyle des Mittelalters.

Leipzig, 1868.
Verlag von E. A. Seemann.

Die

Baustyle des Mittelalters

unter

Zugrundelegung seines größeren Werkes,

jedoch mit besonderer Berücksichtigung

des ornamentalen und constructiven Details

bearbeitet von

Dr. Wilhelm Lübke.

Dritte Auflage.

Leipzig, 1868.

Verlag von E. A. Seemann.

Erstes Kapitel.
Der altchristliche Basilikenbau.

———

Während der ersten Zeiten des Druckes und der Verfolgung mußten die jungen christlichen Gemeinden heimlich in den Häusern der Begüterten unter ihnen, in den Katakomben (den unterirdischen Begräbnißstätten) oder an anderen verborgenen Orten zusammenkommen, um die stille Feier ihrer Liebesmahle zu begehen. Vom Beginn einer eigenen Architektur kann also hier nicht die Rede sein. Aber noch ehe durch Constantin das Christenthum die staatliche Anerkennung erhalten hatte, richtete sich bereits die Thätigkeit auf Anlage angemessener Gebäude für den gemeinsamen Gottesdienst. Wie nun die ganze Kunsttechnik dieser Zeit noch auf antiker, wenn auch verkommener Ueberlieferung beruhte, so knüpfte man mit der Form des christlichen Gotteshauses auch an ein heidnisches Vorbild an. Daß der antike Tempel als solches nicht dienen konnte, lag in der Natur der Sache begründet. Dagegen bot sich eine andere Gattung antiker Gebäude dar, welche einen Anknüpfungspunkt für die Gestaltung einer den Bedürfnissen des Cultus entsprechenten Grundform verlieh. Dies war die Basilika, und zwar nicht bloß die große Markt-Basilika, sondern zunächst jene basilikenartigen Säle in den ansehnlicheren Privathäusern, die oft den ersten Christen als Versammlungsorte dienten, ehe sie ihre Feierlichkeiten öffentlich zu begehen wagten. Doch bedurfte dieses Vorbild der durchgreifendsten Umgestaltungen, um den Anforderungen des neuen Geistes zu genügen.

Im Allgemeinen bestand auch die christliche Basilika aus einem oblongen, rechtwinkligen Gebäude und einer vor die eine Schmalseite gelegten halbkreisförmigen Nische. Aber während die antiken Basiliken einen Mittelraum hatten, der ringsum von Säulenhallen und über denselben sich hinziehenden Galerien eingeschlossen wurde, bietet die altchristliche Basilika vor allen Dingen einen hoch hinaufgeführten, mit einem Dachstuhle bedeckten Mittelraum, der zwar an den beiden Langseiten die niedrigen Säulenhallen, bisweilen mit der oberen Galerie, beibehält, mit der Nische dagegen durch Beseitigung der dortigen Säulenstellungen in unmittelbare Verbindung tritt. Was dort rings umschlossener Raum war, ist hier zu einem hohen Mittelschiffe mit niedrigen Seitenschiffen (Abseiten) geworden, und es ist ein bauliches System gewonnen, welches entschieden in der Längenrichtung

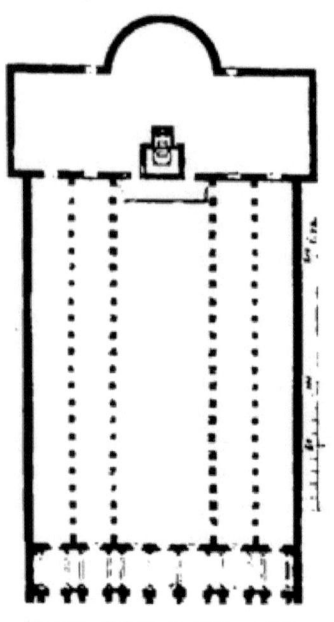

fortleitet, bis es sein Ziel, die große Halbkreisnische, trifft. Diese (Apsis, Concha, Tribuna genannt) schließt mit ihrem mächtigen Bogen das Mittelschiff. Häufig findet sich aber auch ein Querhaus (Kreuzschiff) angeordnet, welches in der vollen Höhe des Mittelschiffes sich zwischen dieses und die Apsis legt. Es öffnet sich mit einem, bisweilen auf Säulen gestellten Halbkreisbogen, dem sogenannten Triumphbogen, gegen das Mittelschiff. Meistens tritt das Kreuzschiff mit seiner Masse über die ganze Breite des Langhauses hinaus. — Der Zugang endlich blieb, wie bei den antiken Basiliken, an der der Nische gegenüberliegenden Schmalseite, wo meistens eine Vorhalle von der Höhe der Seitenschiffe sich vor die ganze Breite des Gebäudes legte, aus welcher in jedes Schiff ein besonderer Eingang führte.

Fig. 183. Basilika S. Paul vor Rom.

Die Säulenreihen, welche das Mittelschiff von den Seitenräumen trennten, hatten zugleich die ganze Last der oberen Schiffmauer zu tragen. Um sie zu dieser Funktion tauglich zu machen, kam man nun auf die bedeutende Neuerung, daß man die Säulen in etwas weiteren Abständen stellte und statt des Architravs durch breite Halbkreisbögen (Archivolten) verband, die unter einander ihren Seitenschub aufhoben und dem Oberbaue eine kräftige Stütze boten. Wo man dagegen den antiken Architrav beibehielt, da entlastete man ihn, wie an der Basilika S. Prassede zu Rom, durch flache Stichbögen (d. h. Bögen, die nicht einen Halbkreis, sondern ein kleines Segment des Kreises bilden), oder man stellte die Säulen in dichterer Reihe auf. — Bei manchen der großen Basiliken ordnete man neben den beiden Säulenreihen noch zwei andere an, so daß jederzeit zwei, im Ganzen vier Seitenschiffe das Mittelschiff einschließen. Die Beibehaltung der oberen Galerien über den Seitenschiffen, die man mitunter, z. B. an S. Agnese bei Rom, antrifft, ist im Allgemeinen eine Eigenthümlichkeit byzantinischer Bauweise, zum Zwecke einer nach der Sitte des Orients gebräuchlichen Isolirung des weiblichen Geschlechts.

Ueber den schräg ansteigenden, an den Mittelbau gelehnten Pultdächern der Seitenschiffe erhob sich die Oberwand des Mittelschiffes zu bedeutender Höhe, nur

durch eine Reihe von Fenſtern jederſeits durchbrochen. Dieſe waren anfangs hoch
und weit, mit Halbkreisbögen überſpannt, mit rechtwinklig gemauerter Laibung,
zuerſt durch dünne durchbrochene Marmortafeln geſchloſſen, die, im Verein mit den
Fenſtern in den Umfaſſungsmauern der Seitenſchiffe, ein zwar reichliches aber ge-

Fig. 184. Baſilika S. Paul vor Rom.

dämpftes Licht dem Innern zuführten. Erſt in ſpäteren Jahrhunderten erhielten
dieſe Fenſter allmählich kleinere Form. -- Die Bedeckung ſämmtlicher Räume, mit
Ausſchluß der mit einer Halbkuppel überwölbten Niſche, wurde durch eine flache,
mit verziertem Tafelwerk geſchloſſene Holzdecke bewirkt, über welcher ſich die nicht
ſehr ſteil anſteigenden Dächer erhoben. Erſt in ſpäteren Zeiten einer dürftigeren

Bauführung ließ man diese Decken fort und zeigte die offene Balkenconstruction des Dachstuhls.

Die architektonische Ausbildung der Basiliken war sehr mangelhaft. Man führte das Gebäude meistens in Ziegeln, zum Theil auch in Tuffstein oder Quadern auf, jedoch in ziemlich nachlässiger Weise, die sich in späteren Jahrhunderten nur noch steigerte. Die Säulen entnahm man häufig, besonders in Rom, den antiken Prachtgebäuden, welche in großer Anzahl noch vorhanden waren. Konnte man nicht genug gleichartige erhalten, so setzte man verschiedene in einer Reihe neben einander und machte sie dadurch gleich, daß man die zu langen verkürzte, die zu kurzen durch einen höheren Untersatz verlängerte. Daher wechseln auch in römischen Basiliken die verschiedenen Säulenordnungen der antiken Style manchmal in bunter Vermischung; doch ist die korinthische die häufigste, ohne Zweifel weil man diese an den römischen Monumenten in der größten Anzahl vorfand.

Auch im Uebrigen blieb man bei den gewonnenen Grundzügen des neuen Systems stehen, ohne die mächtigen Mauerflächen des Innern, die man bekommen hatte, streng architektonisch gliedern zu können. Der Mangel dieser Fähigkeit, vereint mit der Prachtliebe der Zeit, führte statt dessen zu einer reichen Ausschmückung des Innern mit Mosaiken oder Fresken, die zunächst die Nische und den Triumphbogen, sodann aber auch alle größeren Flächen, besonders die hohen Oberwände des Mittelschiffes, bedeckten. Die kolossalen Gestalten Christi, der Apostel und Märtyrer schauten, auf leuchtendem Goldgrund gemalt, auf die Gemeinde herab, und gaben dem Innern eine höchst imponirende, harmonische Gesammtwirkung.

Nach außen trat die Basilika mit kahlen Mauermassen vor, nur unterbrochen durch die Fenster und Portale. Doch gab das mächtig aufragende Mittelschiff, dem sich dienend und abhängig die niederen Seitenschiffe anlehnten, im Verein mit dem hohen Querhause und der aus dessen ruhiger Mauerfläche vortretenden Nische, einen bei aller Anspruchslosigkeit würdevollen Eindruck. Die ziemlich hohen und breiten Thüren, die meistens durch bronzene Thürflügel geschlossen wurden, waren mit einem geraden Sturze überdeckt, den man durch einen darüber gezogenen Halbkreisbogen entlastete. Wo ein Vorhof fehlte, wurde diesem Portal eine kleine, dessen Stelle gleichsam vertretende Vorhalle angesetzt, die auf zwei Säulen ruhte und gewöhnlich mit einem Kreuzgewölbe bedeckt wurde.

Im Gegensatz gegen die offenen, von Säulenstellungen umgebenen, durch plastische Werke geschmückten antiken Tempelfaçaden bot die Basilika eine geschlossene Façade dar, die nur durch das Portal oder die Vorhalle durchbrochen wurde und mit kolossalen Mosaikdarstellungen geschmückt zu werden pflegte. Das mit dem schrägen Dache aufsteigende Gesims, meistens in der spät-römischen Weise mit dünner Platte auf Consolen, oft auch ohne Consolen, bildete den Abschluß. Die Mauern waren meistens ohne Verputz in Backsteinen ausgeführt, die durch

Schichtungen und Fenstereinfassungen in verschiedenfarbigen Ziegeln manchmal Abwechselung erhielten. Erst in späterer Zeit verband sich ein Thurmbau mit der Basilika, und zwar in der Weise, daß ein einfach viereckiger oder runder Glockenthurm, in seinen oberen Theilen mit rundbogig überwölbten Schall= öffnungen versehen, dem Gebäude ganz äußerlich und ohne organische Verbindung zur Seite trat.

Schließlich haben wir noch Einiges über die innere Einrichtung der Basilika beizubringen. In dieser Hinsicht zerfiel das Gebäude in zwei Haupttheile: die meistens gegen Osten angelegte Apsis sammt dem Kreuzschiffe, welcher Theil als Sanctuarium oder Presbyterium für den Altar und die Geistlichkeit bestimmt wurde, und das Langhaus, welches die Gemeinde aufnahm. In der Mitte der Nische stand der erhöhte Stuhl des Bischofs, um den sich an den Wänden die Sitze der höheren Geistlichkeit im Halbkreise hinzogen. Den Altar, welcher frei vor der Nische sich erhob, bildete ein Tisch, durch einen Baldachin (Ciborium) überbaut, dessen Vorhänge geschlossen und geöffnet werden konnten. Den mittleren Raum des Kreuz= schiffes wies man der niederen Geistlichkeit an, welche den Chorgesang auszuführen hatte, wovon in der Folge der Ausdruck „Chor" auf die Oertlichkeit übertragen wurde. Von den beiden Seitenflügeln des Kreuzschiffes hieß der eine, vornehme Männer und Mönche aufnehmende, Senatorium, der andere, Matronaeum genannte, wurde angesehenen Frauen und Nonnen eingeräumt. Das ganze Sanctuarium wurde von dem für die Gemeinde bestimmten Langhause durch eine niedrige marmorne Mauerschranke getrennt, die an beiden Seiten mit einer erhöhten Kanzel (Ambo) verbunden war. Von der südlichen wurde dem Volke die Epistel, von der nördlichen das Evangelium vorgelesen.

Die Gemeinde theilte sich in das Langhaus und zwar so, daß die Männer die nördliche, die Frauen die südliche Hälfte einnahmen. War kein Querschiff vorhan= den, so zog man, wie an S. Clemente zu Rom, den der Apsis zunächst liegenden Theil des Mittelschiffes zum Sanctuarium hinzu und schied ihn durch Schranken von den übrigen Theilen. Am westlichen Ende der Kirche grenzte man ebenfalls durch eine niedrige Brustwehr, die in der ganzen Breite des Innern hinlief, einen schmalen Raum ab, der wegen seiner Form oder Bestimmung den Namen Narthex (Rohr, Geißel) erhielt, denn er nahm die noch nicht zur Gemeinschaft der Kirche ge= hörenden Katechumenen auf, die nur zum Anhören der Epistel und des Evangeliums zugelassen und beim Beginn des heiligen Opfers entfernt wurden. Endlich legte sich oft an diese Seite der Basilika ein äußerer, von Säulenhallen rings um= schlossener Vorhof (Atrium, Paradisus), in dessen Mitte ein Brunnen (Cantarus) stand, aus welchem man beim Eintreten — ähnlich wie beim griechischen Tempel — zum Zeichen innerer Reinigung sich besprengte. Während des Gottesdienstes hielten sich hier diejenigen auf, welche, aus der Kirche ausgestoßen, öffentlich Buße thun mußten.

Am zahlreichsten fanden sich die Basiliken in Rom selbst vor. Unter den von Constantin erbauten zeichnete sich die alte Peterskirche durch ihre Größe,

fünfschiffige Anlage und reiche Ausschmückung aus. Auch die Paulskirche vor
den Mauern Roms (vgl. Fig. 183 und 184), die etwas später unter Theodosius
aufgeführt wurde, ist ein fünfschiffiger Bau von gewaltigen Verhältnissen, neuer-
dings nach einem Brande wieder aufgebaut. Von den übrigen Basiliken Roms
zeichnet sich S. Clemente durch die vollständig erhaltene Choreinrichtung aus.

Eine in mancher Beziehung selbständige Entwickelung des Basilikenbaues findet
man in den Monumenten von Ravenna. Da hier nicht wie in Rom eine Menge
antiker Reste zu Benutzung vorhanden war, so mußte man in höherem Grade selbst-
thätig sein. Die Säulen wurden daher gleichmäßig, und zwar aus prokonnesischem

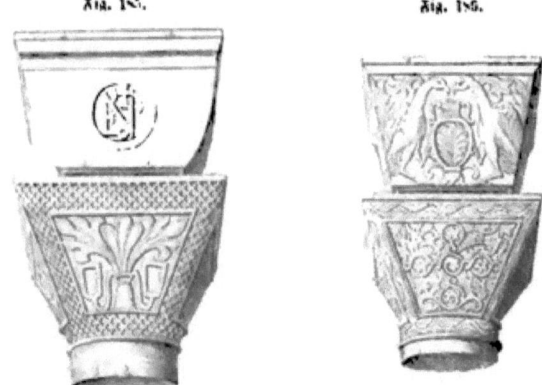

Fig. 185.　　Fig. 186.

Kapitäle von S. Vitale zu Ravenna.

Marmor von der Insel Marmora, gebildet; sie erhielten das korinthische oder
römische Kapitäl, aber mit einer strengeren, mehr antik griechischen als römischen
Behandlung des Blattwerkes. Außerdem legte man einen würfelartigen Aufsatz
als Verstärkung des Abakus auf sie, von welchem der Bogen aufstieg. Bald wich
man aber selbst in der Kapitälbildung von den antiken Mustern ab und griff zu
einer trapezartigen Form, deren Flächen mit flachgemeißelten Ornamenten, Blattwerk, Bandverschlingungen oder geometrischen Linienspielen bedeckt wurden (Fig.
185 und 186). Ueberhaupt wurde die Form der Basilika regelmäßiger und fester,
und zwar ohne Querschiff, ausgebildet und zuerst eine Gliederung des
Aeußeren versucht. Man führte nämlich die Mauern mit stärkeren Wandpfeilern
oder Lisenen (Liseen) auf und setzte eine leichtere Füllung für die Fensterwand
ein. Endlich führte man neben der Basilika einen einfachen runden Glockenthurm auf. Die Thürme so wie die ganzen Außenmauern der Kirchen wurden
aus Backsteinen errichtet.

Zweites Kapitel.
Der byzantinische Centralbau.

Auch im byzantinischen Reiche war zunächst die Basilika der Ausgangspunkt der kirchlichen Architektur. Wie in Rom, so erbaute Constantin auch in seiner neuen Residenz und in anderen Städten seines Reiches mehrere Kirchen, die uns als flachgedeckte Basiliken bezeichnet werden. Noch ist in Bethlehem die große fünf schiffige Basilika erhalten, welche die Mutter des Kaisers, die h. Helena, gründete. In ihrer Anordnung, ihren Säulen, dem geraden Gebälf, dem Kreuzschiffe gleicht sie durchaus den frühesten römischen Basiliken.

Im Laufe des fünften Jahrhunderts bildete sich dagegen im oströmischen Reiche allmählich ein auf anderen Grundlagen beruhender Styl, den man als eigentlich byzantinischen aufzufassen hat. Dieser ging von dem altrömischen Kuppelbaue aus. Zwar gab es auch in Italien gewisse kirchliche Gebäude, an welchen die Form der Kuppel vorherrschte. Besonders sind dahin die Baptisterien (Taufkapellen) zu rechnen, welche auf runder oder polygoner Grundlage mit einer Kuppel überwölbt waren. Dennoch blieben diese Planbildungen im Abendlande nur vereinzelt und für besondere Fälle in Gebrauch; die byzantinische Kunst erst wandte sie als Grundelement auf ihren gesammten Kirchenbau an.

Es wurde demnach ein erhöhter Mittelraum angenommen, in weiten Abständen von Pfeilern eingeschlossen, welche durch Bögen mit einander verbunden waren. Ueber diesen erhob sich die Wölbung der Kuppel. Meistens stieg sie von einem oberhalb der großen Gurtbögen liegenden Gesimskranze auf, indem die zwischen diesem und den Bögen sich bildenden Felder durch Zwickel (Pendentivs), d. h. Gewölbefelder, die innerhalb eines sphärischen Dreiecks beschrieben sind, ausgefüllt wurden. Ringsum schlossen sich niedrige Seiteräume an, durch Säulenstellungen, die als Füllung in jene Hauptbögen eingelassen waren, mit dem Mittelraume in Verbindung gesetzt. Im Anfange scheint man für das Ganze die achteckige Grundform festgehalten zu haben. Das räumlich Beschränkende derselben führte jedoch später zu einer ungefähr quadratischen Anlage, welche man nach der Länge und Breite durch erhöhte Mittelräume durchschnitt, in deren Kreuzung sich sodann die Hauptkuppel erhob. Hierdurch wurde aus der viereckigen Grundform ein Kreuz mit vier gleich langen Schenkeln, das sogenannte griechische, im Gegensatze zu dem lateinischen, dessen Hauptstamm verlängert ist, herausgehoben. Bei dieser complicirten Form schlossen der mittleren Kuppel sich Halbkuppeln oder Nebenkuppeln an. Für den Altarraum behielt man die große Halbkreisnische bei, ordnete aber gewöhnlich, durch rituale Bedürfnisse veranlaßt, in den Seiteräumen kleinere Altarnischen an, die jedoch meistens nach außen nicht hervortreten, da sie aus den dicken Mauern ausgespart sind. Die im Orient übliche strenge Sonderung der Geschlechter führte sodann die Anlage von Emporen über den niedrigen

Fig. 187. Glasstift-Mosaik aus der Empore der Sophienkirche zu Constantinopel.

Seitenräumen herbei, welche gleich diesen durch Säulenstellungen sich gegen den Mittelraum öffneten. Endlich schloß sich an den westlichen Theil eine Vorhalle,

welche, meistens mit kleineren Kuppeln überdeckt, die Aufgänge zu den Emporen
und die Eingänge zu den unteren Räumen enthielt.

Auch in der Ausbildung des Details kamen neue Principien zur Geltung.
Im Anfange schloß man sich zwar ebenfalls den überlieferten Formen der antiken
Kunst an, jedoch in einer von den römischen Arbeiten wesentlich verschiedenen
Weise. Die in Byzanz gefertigten korinthischen Kapitäle aus jener Zeit unter
scheiden sich von den schwülstigen spätrömischen durch eine feine, scharfe, zierliche
Behandlung des Blattwerks, worin man das Nachwirken eines einheimisch griechi
schen Formgefühls erkennen kann. Als aber der byzantinische Styl in seiner
Eigenthümlichkeit mehr und mehr hervortrat, bildete er auch, den veränderten
Verhältnissen des Innern entsprechend, die Details um. Man findet nun

Fig. 188. S. Vitale. Längendurchschnitt.

Composita-Kapitäle, an welchen die unteren Blattreihen mächtig herausschwellen,
während die Voluten dagegen einschrumpfen, so daß die Gesammtform des Kapitäls
eine ganz veränderte ist. Die eigentlich bezeichnende Gestalt des byzantinischen
Kapitäls ist aber die eines nach unten zusammengezogenen Würfels, dessen vier
trapezartige Seiten mit einem in flachem Relief eingemeißelten, durchaus con-
ventionellen Blattwerke bedeckt werden. Gewöhnlich umfaßt ein in besonderen
Mustern sculpirter Rand gleich einem Rahmen die einzelnen Seiten (vgl. Fig. 185
und 186). Ueber diesem Kapitäl brachte man sodann einen kräftigen, kämpfer-
artigen Aufsatz an, der den Bogen aufnahm. Seine Seiten blieben entweder
frei oder wurden durch einen Namenszug oder andere rein ornamentale Reliefdarstellungen bedeckt.

Im Uebrigen ist die Detailbildung des byzantinischen Styls dürftig. Die beiden Stockwerke werden je durch ein Gesims, welches durch alle Haupttheile der Kirche sich fortsetzt, abgeschlossen, und zu ihnen kommt gewöhnlich noch ein drittes, über den Hauptbögen liegendes, von welchem die Kuppel aufsteigt. Die Gesimse und sonstige Gliederungen werden nach römischer Ueberlieferung geformt, das ganze Innere wird dagegen mit einem kostbaren Schmucke von Mosaiken auf Gold grund oder von Fresken ausgestattet, wie denn auch zu den Säulen prachtvolle Marmorarten verwendet werden und ein an den Orient erinnernder prunkender Luxus von gemalten und musivischen Füllungen, Lineamenten und Friesen, sowie in den unteren Theilen eine Verkleidung von verschiedenfarbigem Marmor das Ganze überdeckt. Jene musivischen Ornamente bestehen zum Theil aus schön stylisirtem Rankenwerk, das in der Regel durch geometrische Muster eingefaßt wird. (Fig. 187).

Das Aeußere stieg wie die Basilika in zwei Absätzen auf, indem über die niedrigen Seitenräume der hohe Mittelraum emporragte. Doch waren die Seitenräume durch die doppelte Reihe von Fenstern und ein trennendes Gesims als zweistöckig bezeichnet. Die Mauern wurden von großer Stärke meistens in Ziegelsteinen aufgeführt; und zwar gewöhnlich mit wechselnden Schichten von verschiedener Farbe. Die Fenster waren ähnlich denen der Basilika mit rechteckig gemauerter Wandung und oben mit einem Halbkreisbogen zugewölbt. Doch wird bei größeren Fenstern eine Säule hineingestellt, die das Fenster in zwei von kleineren Bögen oberhalb geschlossene Theile zerlegt. Die Portale haben horizontalen Sturz und darüber einen denselben entlastenden Rundbogen. Am meisten charakteristisch für diesen Styl ist jedoch, daß die Kuppeln, ohne von einem besonderen Dache überdeckt zu sein, in ihrer runden Linie nach außen hervortreten, und daß auch an Stellen, wo sonst ein Giebel angewendet zu werden pflegte, diese geschweifte Form beibehalten wird. Ein dem römischen Consolengesims nachgebildetes Kranzgesims trennt dann die ernsten aufsteigenden Mauermassen von der Kuppel.

Eine hervorragende Stelle in der früheren Entwickelung des byzantinischen Styles nehmen die Bauten von Ravenna ein. In voller Selbständigkeit tritt derselbe zuerst an der Kirche S. Vitale auf, 526—547 unter griechischer Herrschaft erbaut (vgl. Fig. 188). Das Hauptdenkmal des byzantinischen Styles ist aber die Sophienkirche zu Constantinopel, von 530—537 durch die Baumeister Anthemius von Tralles und Isidor von Milet unter Justinians Regierung aufgeführt. Der mächtige Bau bildet in seiner Gesammtform (vgl. den Durchschnitt Fig. 189) ungefähr ein Quadrat von 252 Fuß Länge bei 228 Fuß Breite. Seinen erhöhten Mittelraum bedeckt eine Kuppel von 110 Fuß Spannung und 170 Fuß Scheitelhöhe. Das ganze Monument war mit höchster Pracht aufgeführt und strahlte von Marmor und kostbaren Mosaiken auf Goldgrund.

Bei den späteren byzantinischen Bauwerken wurde anstatt der flachen Kuppel eine höher gewölbte, meistens halbkugelförmige beliebt, die man ohne einen Ge

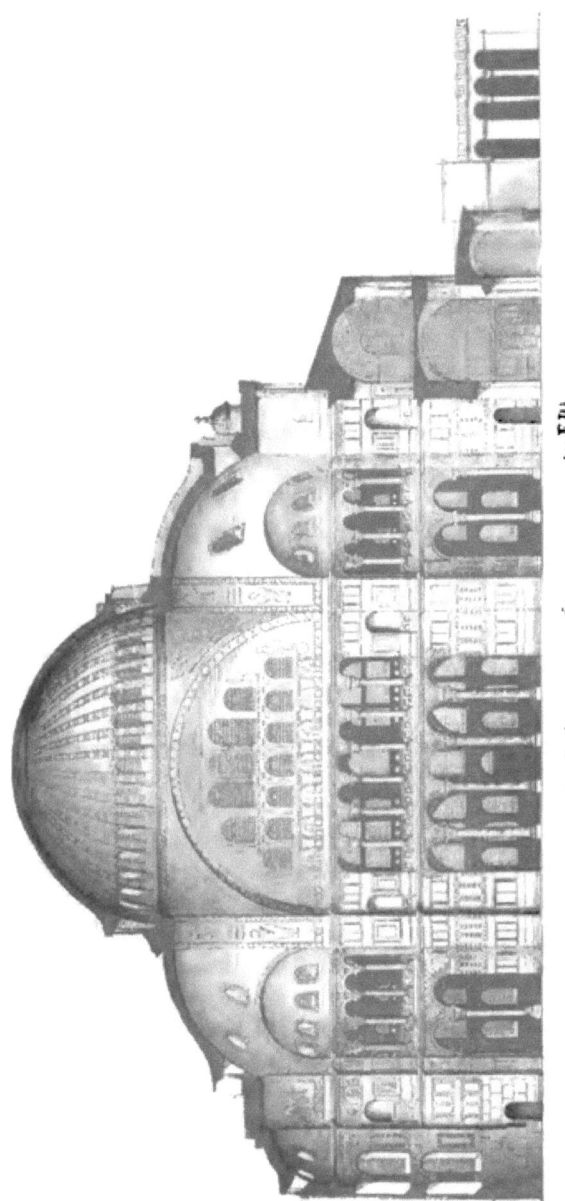

Fig. 18*. Sophienkirche zu Constantinopel. Längendurchschnitt.

simskranz auf den Tambour setzte. Auch pflegte man mehrere Kuppeln anzuordnen, entweder auf den vier Kreuzarmen oder auf den Ecken des Gebäudes, so daß diese mit der allemal höheren Mittelkuppel ein griechisches oder ein Andreaskreuz bildeten. Diese Bauten wurden in Ziegeln oder auch in schichtweise mit Ziegeln wechselnden Hausteinen aufgeführt, wobei man den Wechsel verschiedenfarbiger Schichten sowohl an den Bögen und Fenstereinfassungen wie an dem ganzen Mauerwerke liebte. Die Säulen zeigen nach wie vor plumpe Basen und die Gestalt des trapezähnlichen Kapitäls. Bei der reicheren Ausführung des letzteren kommen manchmal noch antike Anklänge vor, aber in mißverstandener Behandlung.

In dieser Gestalt, ziemlich unberührt von den Einwirkungen abendländischer Kunst, überdauerte die byzantinische Architektur selbst den Fall des griechischen Kaiserthums und steht noch jetzt in jenen östlichen Gegenden in Uebung. Daß der byzantinische Styl auch im Abendlande weitere Anwendung fand, beweist das Münster zu Aachen, welches Karl der Große von 796—804 in einer an S. Vitale zu Ravenna erinnernden Form aufführen ließ. Noch entschiedener die später zu besprechende Marcuskirche zu Venedig.

Anhang.
Die georgische und armenische Baukunst.

Die gebirgigen Länder des Kaukasus, vom Ostrande des schwarzen Meeres bis an das kaspische Meer, stehen in ihren Bauwerken in Abhängigkeit vom byzantinischen Style. In Georgien scheint man sich näher an jene Bauweise angeschlossen zu haben, wie die Kirche zu Pitzunda beweist.

Viel bedeutender und origineller gestalten sich dagegen die Abweichungen vom byzantinischen Style in Armenien. Die Kirchen bilden hier regelmäßig ein längliches Rechteck, aus welchem sich in Kreuzform ein erhöhter Mittelbau emporhebt, aus dessen Mitte die Kuppel aufsteigt. Doch unterscheidet sich diese Kreuzgestalt bei der Kürze der Seitenflügel wesentlich von der griechischen. An die Kuppel schließen sich vermittelst weiter Gurtbögen nach Osten und Westen vertiefte Nischen, von denen die erstere den Altarraum, die letztere den Haupteingang bildet. Aber auch nach Süden und Norden legen sich Nischen, wenigleich von flacherer Gestalt, an den Mittelraum, welche Seiteneingänge enthalten. Die Mauern, obwohl an den vier Ecken des Mittelbaues durch kleinere Kuppeln durchbrochen, sind sehr massenhaft behandelt, und die vier in den Ecken des Gebäudes liegenden niedrigern Räume von dem Mittelbau fast gänzlich abgetrennt. Bei anderen Kirchen, wie an der Kathedrale von Ani sind die Mauern minder kräftig, und die Kuppel ruht auf vier Pfeilern, die dann mit inneren Strebepfeilern der Mauern durch Bögen verbunden sind. Alle Räume außer der Kuppel sind mit Tonnengewölben bedeckt. Das Innere pflegt mit Wandgemälden ausgestattet zu sein.

Am Aeußeren tritt die Kreuzform mit der hochaufragenden Kuppel um so energischer hervor, da auch hier alle Theile mit einem ziemlich spitz ansteigenden Steindache bedeckt sind und die Nebenräume sich mit schräg liegenden Pultdächern an die Mauern des Mittelbaues anlehnen. Wesentlich abweichend vom byzantinischen Styl ist es sodann, daß der ganze Bau aus Quadern, wenn auch ohne genauen und regelmäßigen Fugenschnitt, aufgeführt ist, und daß ihn ringsum eine Art von Sockel aus drei Stufen umgibt, die nur von den Portalen durchbrochen werden. Diese selbst sind niedrig, rundbogig geschlossen und mit flachen Archivolten umzogen, welche manchmal auf Halbsäulen ruhen. Die Fenster sind schmal, fast schießschartenähnlich, zum Theil mit geradem Sturz, zum Theil rundbogig geschlossen, in den Giebelfeldern auch wohl kreisförmig. Die Detailbildung und die Profilirung der Glieder ist eine merkwürdig ängstliche, schwächliche. Die Wandsäulen sind nur rundliche Stäbe ohne kräftig markirte Schwellung und haben Basen und Consolen von eben so unschöner als unkräftiger Form. Die Zierbänder, welche Portale, Fenster und Archivolten in reicher Anordnung umfassen und die Krönungsgesimse schmücken, sind nur flach, ohne kräftige Schattenwirkung, mit einem fein ausgemeißelten aber matten Ornament von vielfach verschlungenen Linien bedeckt, hin und wieder mit vegetativen Elementen durchwebt.

Drittes Kapitel.
Die mohamedanische Baukunst.

Wie sich überall der höhere Styl der Architektur an den heiligen Gebäuden entfaltet, so fassen wir auch bei den Mohamedanern die Bauart ihrer Cultusstätten, der Moscheen, vornehmlich in's Auge. Die Grundbedingungen, aus denen die Moschee sich aufbaut, sind ein großer Hof für die vor der Andacht vorzunehmenden Waschungen, und eine Halle (Mihrab) für die Verrichtung der Gebete. In dem Gebäude muß sodann ein besonderer Ort ausgezeichnet werden, wo der Koran aufbewahrt wird; ferner ist eine Kanzel (Mimbar) nothwendig, von welcher herab die Priester zu den Gläubigen reden. Als dritten wesentlichen Theil verlangt die Moschee einen schlanken Thurm (Minaret), von welchem der Muezzin die Stunden des Gebets verkündigt.

So mannigfaltig die Art und Weise ist, in welcher diesen Forderungen genügt wird, so lassen sich die Moscheen doch auf zwei Grundformen zurückführen. Die eine besteht aus einem länglich viereckigen Hofe, der auf allen Seiten von bedeckten Säulengängen umgeben und durch hohe Mauern von der Außenwelt abgesondert wird. Nach der einen Seite, wo die Halle des Gebets und das Heiligthum mit

Fig. 190. Alhambra. Abenceerragen=Halle.

dem Koran liegen, pflegen vermehrte Säulenstellungen dem Gebäude eine größere Tiefe zu geben. Doch sind die dadurch entstehenden, mit flacher Decke versehenen einzelnen Schiffe sämmtlich von gleicher Höhe, unterscheiden sich also wesentlich von dem Charakter der altchristlichen Basiliken. In dem freien Hofe befindet sich ein durch kuppelartigen Bau überdeckter Brunnen für die heiligen Waschungen. Auch der Kern des Gebäudes wird, namentlich um die Stelle des Heiligthums oder das oft mit den Moscheen verbundene Grabmal des Erbauers zu bezeichnen, mit einzelnen Kuppeln bedeckt. Dazu kommt endlich ein oder mehrere, eben so willkührlich angebrachte Minarets. Etwas anders verhält es sich mit der zweiten Grundform, welche sich offenbar, zumal da sie in den östlicheren Gegenden des Islam überwiegt, an byzantinische Vorbilder anlehnt. Hier wird der Haupttheil des Gebäudes stets durch eine Kuppelbedeckung bedeutsam hervorgehoben. Die Nebenräume, von denen sich die vorzüglich betonten bisweilen in einer dem griechischen Kreuz verwandten Anlage gestalten, pflegen ebenfalls gewölbt zu sein, und selbst der auch hier nicht fehlende Vorhof mit seinen Portiken zeigt eine aus kleinen Kuppeln gebildete Ueberdeckung. In der Form der Kuppeln werden mancherlei neue wunderliche Abartungen eingeführt, namentlich eine gewisse bauchige Anschwellung der Kuppelwölbung, die sodann mit einer einwärts gekrümmten und am Ende wieder hinaufgeschweiften Linie sich abschließt.

Im Innern tritt bei der Ueberwölbung der Räume eine nicht minder seltsame Bildung auf. Dort werden nämlich die Wölbungen mit Vorliebe so ausgeführt, daß lauter kleine, aus Gips geformte Kuppelstückchen, mit vortretenden Ecken, an einander gefügt sind und nach der Art der Bienenzellen ein Ganzes ausmachen, welches, von oben mit seinen vielen vorspringenden Ecken und Spitzen herabhängend, diesen Wölbungen den Anschein von Tropfsteinbildungen gibt. Solche Stalaktitengewölbe finden sich nicht allein in Form von Zwickeln, um den Uebergang von den senkrechten Wänden zu der Bedeckung zu vermitteln, sondern ganze Kuppelwölbungen sind in dieser Weise ausgeführt und durch prachtvolle Bemalung und Vergoldung geziert (vgl. Fig. 190).

Fig. 191. Hufeisenbogen.

Dieselbe Wahrnehmung machen wir an den Formen des Bogens, welche in diesem Styl zur Verwendung kommen. Selten, und zumeist nur in früheren Denkmälern, welche noch einen Nachklang antiker Bauweise spüren lassen, tritt der Rundbogen auf. Wo man ihn anwendet, liebt man seine Schenkel nach unten zu verlängern (ihn zu stelzen), oder seine Rundung mit Reihen von kleinen Auszackungen zu besetzen (vgl. Fig. 190). Schon früh kommt der Spitzbogen auf, bereits im 9. Jahrhundert mit Sicherheit an ägyptischen Denkmälern nachzuweisen. Sehr eigenthümlich erscheint sodann der Hufeisenbogen (Fig. 191), eine Form, die ihre beiden Schenkel wieder zusammenkrümmt, also mehr als eine Hälfte des

Kreisbogens ausmacht. Durch die Zuspitzung des Bogenscheitels nach Art des Spitzbogens wird noch eine besondere Abart, die man als spitzen Hufeisenbogen bezeichnen könnte, hervorgebracht. Ist diese Form vorzugsweise in den westlichen Ländern heimisch, so findet man in den orientalischen Bauten eine noch weit phantasiereichere Gestalt, den sogenannten Kielbogen (Fig. 192). Dieser entsteht, wenn der Spitzbogen seine beiden Schenkel zuerst nach außen krümmt, dann tief nach innen einzieht und mit dieser keck geschweiften Linie in der Spitze zusammenschießt.

Fig. 192. Kielbogen.

Die Säulen werden so schlank, dünn und zerbrechlich wie möglich gebildet; bisweilen zu Gruppen von zwei oder mehreren verbunden. Nur in älteren Bauten, bei denen zum Theil Säulen von antik-römischen Denkmälern genommen wurden, findet man strenge, kräftige Verhältnisse der Schäfte. In der Bildung des Kapitäls waltet eine eben so große Willkür, indeß herrscht eine schlanke, nach oben ausgebauchte Form vor, die mit buntem Ornament reichlich bedeckt wird (Fig. 193.)

Alle inneren Wände werden mit einem außerordentlich brillanten Ornament überkleidet, welches den Glanzpunkt der mohamedanischen Kunst ausmacht. Die

Fig. 193. Arabisches Kapitäl. Alhambra.

Arabesken, wie man sie nach ihren Erfindern, den Arabern, genannt hat, bewegen sich in einem mit feiner Berechnung herausgeklügelten Linienspiele, welches aus mathematischen Figuren, oder aus einem streng typischen, keineswegs an bestimmte Naturvorbilder erinnernden Blattwerke zusammengesetzt wird. Diese ganze Ornamentik, aus Gips oder gebrannten Thonplatten zusammengefügt, prangt obendrein im Glanze lebhafter Farben und reicher Vergoldung. Unter Fig. 194 geben wir eine Arabeske aus der Alhambra, welche ihr reiches Muster aus architektonisch stylisirtem Blattwerk zusammensetzt, während Fig. 195, aus demselben Gebäude, aus sternförmigen mathematischen Linienverschlingungen besteht, in deren einzelnen Feldern dem vegetativen Ornament nur ein mäßiger Spielraum neben geometrischen Figuren eingeräumt wird.

Aeußere Verbreitung des mohamedanischen Styles.

In **Syrien,** welches die Schaaren der Araber zuerst erobernd überfielen, haben wir einige der frühesten Bauten des Islams zu suchen. Die auf der Stelle des Salomonischen Tempels erbaute Moschee el Aksa zu Jerusalem ist eine der ältesten.

Zu einem festeren Style entwickelte sich jedoch die mohametanische Baukunst in **Aegypten**, welches schon unter Omar durch dessen Feldherrn Amru dem Islam

unterworfen wurde. Bemerkenswerth ist, daß die Architektur, ohne Zweifel unter dem Einfluß der altägyptischen Denkmäler, eine massenhaftere Anlage aufweist, die sich in einem kräftigen Pfeilerbau und in der soliden Ausführung in Quadern kund gibt. Das würfelförmige Kapitäl, welches man bisweilen auf den Säulen antrifft, ist offenbar byzantinischer Abkunft. Sodann tritt die Form des **Spitzbogens** hier am frühesten auf und wird in einfach gemessener Weise angewandt. Auch die Kuppeln bescheiden sich mit einer schlichten oder etwas erhöhten runden Linie.

Zu den ältesten Gebäuden gehört hier die im Jahre 643 gegründete Moschee des Amru in Alt-Kairo. Den Spitz-

Fig. 194. Aus dem Hofe der Alhambra.

bogen findet man an der 885 gegründeten Moschee Ibn Tulun zu Kairo. Ungemein reich und prachtvoll ausgestattet ist die Moschee des Sultan Hassan, 1336 erbaut; ferner die nicht minder bedeutende im Jahre 1415 errichtete Moschee el Moyed.

In **Sicilien** haben sich von den zahlreichen Denkmälern der maurischen Herrschaft nur geringe Reste erhalten; darunter besonders die Lustschlösser der Zisa und der Kuba bei Palermo; dagegen ist in

Spanien, wo der Islam in hohe Blüthe kam, eine Anzahl vorzüglicher Bauwerke noch vorhanden, die zu den ältesten ihrer Art gehören. Das bedeutsamste Denkmal der Frühzeit ist die unter Abderrhaman seit 786 begonnene Moschee zu Cordova, voll glänzender Pracht, mit einem Wald von kostbaren

Säulen und reich durchbrochenen und geschmückten Arkaden. Auf einer vorgerückten Stufe der Entwicklung stehen einige erhaltene Reste von Bauwerken in Sevilla, namentlich die sogenannte Giralda, als Minaret der ehemaligen Moschee im

Fig. 195. Ornament aus der Alhambra.

Jahre 1195 erbaut und nur in den oberen Theilen modernisirt. Die Sevillanischen Denkmäler bilden den Uebergang von der ältesten Epoche spanisch-arabischer Baukunst zu ihrer letzten, üppigsten Entfaltung, das Verbindungsglied zwischen der Moschee zu Cordova und den Bauten von Granada. Auf dem steilen Hügel,

welcher die Stadt überragt, erhebt ſich das Kleinod mauriſcher Baukunſt, die Burg
Alhambra. Sie wurde im Laufe des 13. und 14. Jahrhunderts aufgeführt, und
erhielt ſelbſt im 15. Jahrhundert, kurz vor der Vernichtung der mauriſchen Herrſchaft, noch Vergrößerungen. Wie überall in den Bauten des Orients, gruppirt
ſich hier die ganze Anlage um offene, von Säulenhallen umgebene, mit Waſſer-
baſſins und Springbrunnen ausgeſtattete Höfe, unter denen der berühmte Löwenhof
durch Pracht der Anlage und Ausſtattung bewundernswürdig iſt. Von den inneren
Räumen zeigt die Halle der Abencerragen (vgl. die Abbildung auf S. 14),
die glänzendſte Entfaltung der mauriſchen Baukunſt.

An den Denkmälern in **Indien** iſt eine eigene Großartigkeit der Anlage,
Gediegenheit des Materials und überſchwängliche Pracht der Ausführung hervor-
zuheben. Die gewaltige würfelförmige Maſſe des Baues wird durch Reihen von
Bogenhallen, Fenſtern oder Niſchen gegliedert. Meiſtens iſt es die Form des ge-
ſchweiften Spitzbogens, des ſogenannten Kielbogens, welche in dieſen Bauten
angewandt wird. Auf der Mitte des Baues erhebt ſich eine Kuppel, welche eine
ausgebauchte, zwiebelförmige, nach oben geſchweifte Geſtalt zeigt. Manchmal treten
noch mehrere ſolcher Kuppeln hinzu. Die am Aeußeren ſchon reiche Ausſtattung
ſteigert ſich im Inneren durch Anwendung koſtbarer Steinarten und Moſaiken,
leuchtender Farben und Vergoldungen zu höchſter Pracht.

Unter den älteren Denkmälern ragt ſowohl durch ſeine Größe als ſeine un-
gewöhnliche thurmartige Geſtalt der Kutab Minar zu Delhi hervor. Die
höchſte Blüthe dieſer Architektur währte von der Mitte des 16. bis zur Mitte des
17. Jahrhunderts. Schah Akbar der Große ſchmückte die von ihm gegründete
Reſidenz Agra mit einer Reihe der prächtigſten Bauwerke. Unter dieſen ragen
ſein Palaſt ſowie ſein Mauſoleum zu Secundra bei Agra hervor. Nicht
minder zeichnete ſich der Enkel des großen Akbar, Schah Dſchehan, der ein neues
Delhi erbaute, durch bedeutende Denkmäler aus. Unter den vierzig Moſcheen,
die er hier aufführen ließ, verdient die Große Moſchee mit ihren ſchlanken
Kuppeln und der glanzvollen Ausſtattung beſondere Erwähnung.

In **Perſien** entwickelte ſich ſchon unter der Herrſchaft der Abaſſiden im
8. Jahrhundert die Baukunſt zu großem Glanze. Doch iſt, wie es ſcheint, nur
Geringfügiges davon erhalten. Die vorhandenen Denkmäler gehören größtentheils
erſt dem Ausgang des 16. Jahrhunderts, beſonders der Regierung des Schah
Abbas des Großen an. Unter dieſem mächtigen Herrſcher wurde Iſpahan zur
Reſidenz erhoben und mit einer Menge der glanzvollſten Gebäude geſchmückt.
Freilich hat ſich dieſer perſiſche Styl nicht zur monumentalen Großartigkeit des in-
diſchen erhoben. Zwar herrſcht auch hier neben runden Bögen die Form des Kielbogens, der, auf Pfeilern ruhend, den Gebäuden nach außen durch lange Arkaden
und andere Oeffnungen ein belebtes Anſehen gibt. Allein die Maſſe des Gebäudes
iſt nicht zu ſo impoſanter Form entwickelt, wie dort. Anſtatt einer weiter durchgeführten Gliederung der Mauern ſchmückt man lieber das Aeußere mit buntem

Farbenschimmer. Auch die Minarets, minder kräftig und vielmehr zum Schlanken, Zierlichen neigend, sind mit Malereien und glasirten Ziegeln bedeckt. Aehnlichen Schmuck haben die Kuppeln, die eine mit den indisch-mohamedanischen verwandte Schwingung zeigen. Unter den Bauten dieses Styles nennen wir als die gepriesensten den Palast zu Teheran. Sodann sind die Bauten zu erwähnen, welche Schah Abbas der Große in seiner Hauptstadt Ispahan aufführte. Ein ganzer Platz von außerordentlicher Ausdehnung, der Meidan Schahi, wurde mit prunkvollen Gebäuden ausgestattet. Eben so zierlich angelegt als verschwenderisch geschmückt ist das Grabmal Abbas II. zu Ispahan.

Die türkische Architektur endlich gehört ebenfalls den späteren Zeiten der mohamedanischen Kunst an. Bekannt ist, daß Mahmud II. nach der Eroberung von Constantinopel im Jahre 1453 die Sophienkirche zur Moschee einrichtete. So weit aber waren die Türken von einem eigenen Style entfernt, daß sie überhaupt die byzantinischen Formen annahmen und ihre Bauten durch christliche Baumeister ausführen ließen. Demgemäß schließen sich die türkischen Moscheen, deren man in Constantinopel allein über 300 zählt, dem Grundplan der Sophienkirche an. Eine große Mittelkuppel, welche gleich denen der spätbyzantinischen Werke höher ansteigt als die der Sophienkirche, erhebt sich, von Halbkuppeln begleitet, über der Masse des Gebäudes. Oft treten auf den Ecken Seitenkuppeln hinzu, so wie auch die Vorhallen meistens mit Kuppelwölbungen bedeckt sind. Eine bezeichnende Zugabe bilden nur die schlanken Minarets, die an den Ecken des Gebäudes aufsteigen. Unter den Moscheen zu Constantinopel macht sich die des Sultan Bajazet vom Ende des 15. Jahrhunderts durch den Glanz ihrer antiken Marmorfragmente bemerkbar. In ähnlicher Weise ist auch die Ausstattung der aus dem folgenden Jahrhundert stammenden Moschee Soliman des Zweiten beschafft worden. Alle anderen überbietet jedoch an verschwenderischem Glanz die Moschee Sultan Achmet's, deren Kuppel auf vier riesigen Säulen ruht, und deren Aeußeres durch sechs Minarets ausgezeichnet ist. In den Palästen und den übrigen Profanbauten hat seit den letzten Jahrhunderten der abendländische Styl sich immer mehr Eingang verschafft, so daß auch hier von einer selbständig türkischen Baukunst kaum noch die Rede sein kann.

Anhang.
Die russische Baukunst.

Gleich der mohamedanischen ging auch die russische Architektur vorzüglich von byzantinischen Einwirkungen aus; gleich jener ist auch sie ihrem Wesen nach ein Product des Orients. Die Grundlage, das griechische Kreuz, dessen Hauptpunkte durch Kuppeln hervorgehoben werden, ist auf Byzanz zurückzuführen. Von dorther empfing Rußland auch gegen Ende des 10. Jahrhunderts unter Wladimir dem Großen das Christenthum. Kiew und Nowgorod, die alten Hauptstädte des Landes, prangten mit kostbaren Kirchen. Denn auch hier war Reichthum und Prunk der Ausstattung der vornehmste Gesichtspunkt der Erbauer. So verschwenderisch aber auch das Innere mit Mosaiken und dem blitzenden Schimmer edler Metalle geschmückt wird, so eng, düster und gedrückt ist gleichwohl der Eindruck desselben. Am Aeußeren wuchert aus dem niedrig gedrückten Körper des Baues eine Unzahl von Thürmen und Kuppeln in den ausschweifendsten Formen hervor: halbkugelig, eiförmig, ausgebaucht, birnenartig gewunden, bald kraus und hoch aufschießend, bald schwerfällig, breit hingedehnt, dabei mit bunten Farben und Vergoldung bedeckt. Neuerdings hat indeß auch hier, namentlich in den Profanwerken, die im gebildeten Europa herrschende modern-antikisirende Baukunst Aufnahme gefunden.

Viertes Kapitel.
Der romanische Styl.

a. Das romanische Bausystem.

Seit dem 10. Jahrhundert etwa gewinnt die kirchliche Baukunst des Abendlandes eine Gestalt, in welcher sich Altchristliches und Byzantinisches mannichfach mit neuen Elementen mischen. Letztere ergaben sich aus dem nationalen Charakter derjenigen Völker, welche nunmehr an die Spitze der Entwickelung treten, der germanischen nämlich. Wie man nun die Sprachen, welche aus der lateinischen durch ähnliche Mischung hervorgegangen sind, die romanischen nennt, so bezeichnet man den Baustyl, welcher zu derselben Zeit durch gleiche Entwickelung entstanden ist, und den man früher irriger Weise den „byzantinischen" nannte, mit gleichem Ausdruck. Dieser Styl blühte im ganzen Abendlande bis in das 13. Jahrhundert hinein, erlebte aber während dieser Zeit mancherlei Entwickelung, die wir zunächst in allgemeiner Uebersicht zu betrachten haben.

1. Die flachgedeckte Basilika.

Der gesammte mittelalterliche Kirchenbau ist von der Form der altchristlichen Basilika ausgegangen. Doch sind die Umgestaltungen, welche jene Grundform erfuhr, sehr eingreifender Art. Am entschiedensten änderte sich die Anlage des Chores. Man ging nämlich von dem großen Quadrate, welches bei der Durchschneidung von Mittelschiff und Querhaus entstanden war (der Vierung, dem

Kreuzesmittel, wie es genannt wird), aus, und verlängerte nach der Oftseite das
Mittelschiff über die Vierung hinaus etwa um ein ähnliches Quadrat, welches mit
der halbkreisförmigen Altarnische geschlossen wurde (Fig. 196). Die Vierung wurde

Fig. 196.

Fig. 197.

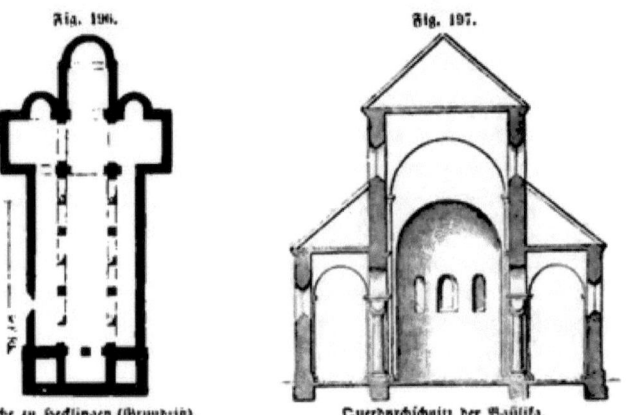

Kirche zu Hecklingen (Grundriß).   Querdurchschnitt der Basilika.

von den angrenzenden Theilen durch hohe, auf Pfeilern ruhende Halbkreisbögen
(Gurtbögen) getrennt. Dieser ganze Raum bezeichnete als Chor den Sitz der Geistlichkeit. Sodann ließ man das Querhaus so weit aus dem Körper des Langhauses
vorspringen, daß seine beiden Arme ebenfalls je ein der Vierung entsprechendes
Quadrat bildeten. Meistens ließ man in diesen Kreuzflügeln an der Oftmauer
kleinere Nischen für Nebenaltäre heraustreten, so daß hier gleichsam gesonderte

Fig. 198.

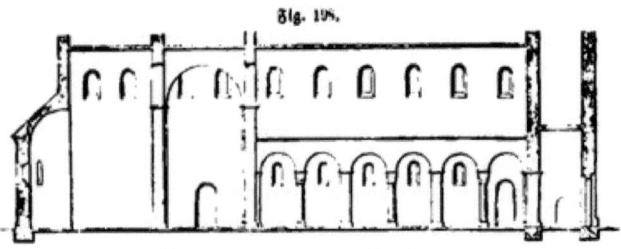

Längendurchschnitt der romanischen Basilika.

Kapellen entstanden. Was aber die Erscheinung dieser östlichen Theile vorzugsweise charakteristisch macht, ist die Anlage einer Krypta unter denselben, welche in
der älteren romanischen Zeit keiner bedeutenderen Kirche zu fehlen pflegt. Dies
sind niedrige, auf Säulen gewölbte Räume, in welche man von der Oberkirche auf
Treppen zu beiden Seiten hinabsteigt. Sie dienten als Begräbnißstätten der
Bischöfe, Aebte oder frommen Stifter. In baulicher Beziehung sind die Krypten
nicht allein durch die Wölbung, die sich zuerst an ihnen ausbildete, sondern auch
durch die Rückwirkung auf die Gestalt des Chors von Wichtigkeit. Der Chor mußte

nämlich zu ihren Gunsten um eine Anzahl von Stufen über den Boden des Lang=
hauses erhöht werden. Das geringste Maaß der Kryptenausdehnung umfaßt den
Chor und die Apsis, manchmal wird aber auch die Vierung ganz oder theilweise
hinzugezogen, und bisweilen dehnt sich die Krypta selbst unter den Seitenarmen des
Querschiffes aus. Um diese östlichen Theile noch entschiedener von dem der Ge=
meinde bestimmten Langhause zu sondern und als vorzüglich geheiligten, priesterlichen
Raum zu bezeichnen, wurde das Mittelquadrat durch niedrige Brüstungsmauern von
den Kreuzarmen und dem Langhause getrennt.

Gegen das Mittelschiff öffnet sich die Vierung mit ihrem großen Gurtbogen,
der die Stelle des Triumphbogens in den altchristlichen Basiliken vertritt. Aber
er stützt sich nicht wie dort auf zwei große vorgestellte Säulen, sondern steigt von
kräftigen Pfeilern auf, welche, der Anzahl der aufruhenden Bögen entsprechend,
kreuzförmig gebildet sind. Von ihnen gehen nun auch die Arkadenreihen aus,
welche das Mittelschiff von den Seitenschiffen trennen. Diese Arkaden ruhen
ursprünglich mit ihren Bögen auf je einer Reihe von Säulen. Sehr bald jedoch
tritt der Pfeiler an ihre Stelle, entweder indem er sie ganz verdrängt und aus der
Säulenbasilika eine Pfeilerbasilika macht, oder indem er, wie auf unserer
Abbildung der Kirche zu Hecklingen, mit den Säulen abwechselt. Manchmal wech=
selt der Pfeiler selbst mit zwei Säulen, so daß er jedesmal die Stelle der dritten
Stütze einnimmt. (Fig. 199).

Die Oberwände des Mittelschiffes erheben sich in ansehnlicher Höhe, und zwar
etwa 2 bis 2½ mal so hoch als die Weite desselben. Sie werden von einer flachen
Holzdecke geschlossen. Ziemlich dicht unter derselben durchbricht eine Reihe von Fen=
stern die Mauerfläche. Durch sie erhält das Mittelschiff eine selbständige, von oben

Fig. 199. Arkaden aus S. Godehard in Hildesheim.   Fig. 200. Arkaden der Kirche zu Echternach.

einfallende Beleuchtung, während in den Umfassungsmauern der Seitenschiffe eben=
falls Lichtöffnungen zur Erhellung dieser Nebenräume liegen. Gleich denen der alt=
christlichen Basiliken sind auch hier die Lichtöffnungen im Halbkreise gewölbt, allein
da man sie nunmehr mit Glasscheiben ausfüllte, so bildete man sie viel kleiner.
Auch gab man ihnen keine rechtwinklige Wandung, sondern ließ dieselben sich nach
außen und innen erweitern.

Um die hohen Wandflächen des Mittelschiffs zu beleben und zugleich das untere, den Abseiten zugetheilte Stockwerk zu bezeichnen, läuft in der Regel über den Arkadenbögen ein aus mehreren Gliedern zusammengesetztes, bisweilen reich sculptirtes Gesimsband hin. Bei einigen Kirchen hat man von diesem Gesims senkrechte Wand-streifen bis zu den Kämpfern und Kapitälen der Pfeiler oder Säulen herablaufen lassen, so daß jeder Arkadenbogen eine rechtwinklige Umrahmung besitzt (Fig. 199). Anderwärts wo Pfeiler und Säulen wechseln, ließ man wohl das Gesimsband ganz fort und führte von Pfeiler zu Pfeiler an der Wand einen blinden Rundbogen (Fig. 200).

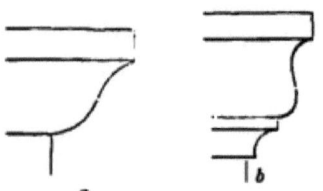

Quedlinburg. S. Wiperti. Cöln. S. Pantaleon.
Fig. 201. Karniesformen.

Eine wichtige Neuerung zeigt sich an der Westseite der Kirche. Hier legen sich nämlich dicht vor das Ende der Seiten-schiffe selbständige Thurmbauten, zuerst meistentheils von kreisrunder, bald jedoch von quadrater Grundform. Zwischen beiden Thürmen ist sodann auch das Mittelschiff noch fortgeführt, jedoch in der Weise, daß der dadurch gewonnene Raum nach Art einer Vorhalle angelegt und mit dem Schiff in Verbindung gesetzt wird. Bisweilen ordnete man über dieser Vorhalle eine Loge oder Empore an, welche ebenfalls durch einen zweiten Rundbogen sich gegen das Mittelschiff öffnete. Am Westende hatte man sodann auch gewöhnlich den Haupt-Eingang. Neben-Eingänge wurden in den Seitenschiffen oder in den Giebel-wänden der Kreuzarme angeord-net. Sämmtliche Räume der Kirche wurden zunächst, mit Aus-nahme der Krypta und der mit einer Halbkuppel eingewölbten Chornische, durch flache Balken-decken geschlossen.

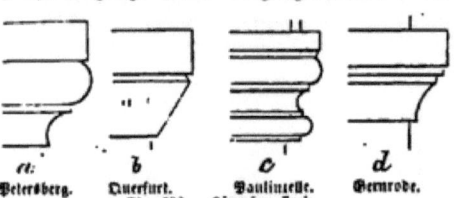

a: b c d
Petersberg. Querfurt. Paulinzelle. Gernrode.
Fig. 202. Kämpfergesimse.

Ein neues, germanisches Gefühl kommt nun in der Detailbildung zum Vor-schein. Doch fehlt es auch hier nicht an antiken Reminiscenzen, ja die Gliederung der Basen, Sockel, Gesimse beruht noch durchweg auf römischen Formen. Der Wulst, die Hohlkehle, die Platte sammt den schmaleren verbindenden Plättchen machen während der ganzen Dauer der romanischen Epoche die Grundelemente der Detailbildung aus. Die Form des sogenannten Karnieses (Fig. 201) ist beson-ders für die frühromanische Zeit charakteristisch. Aber in der Anwendung der Einzel-glieder gibt sich ein selbständiges Gefühl kund. Es werden die Profile nicht allein voll und stark gebildet, sondern die Glieder auch gehäuft, und namentlich für die Basis noch Untersätze aus hoher Platte und schräger Schmiege beliebt. Die Kämpfer-gesimse der Pfeiler und die übrigen Gesimsbänder haben bei sehr einfachen Bauten oft nur eine Platte sammt einer Schmiege (Fig. 202 b.); gewöhnlich jedoch bestehen sie aus der umgekehrten attischen Basis (Fig. 202 c.), oder auch aus anderen Verbindungen, von denen unter a und d in nebenstehender Figur die am häufigsten vorkommenden dargestellt sind.

Aber auch in ganz neuen Formbildungen mußte die Zeit ihren eigenen Ge-

Fig. 203. Pfeilerbasis aus der Kirche zu Laach.

staltungstrieb auszusprechen. Dies betraf zunächst die Umänderung der attischen

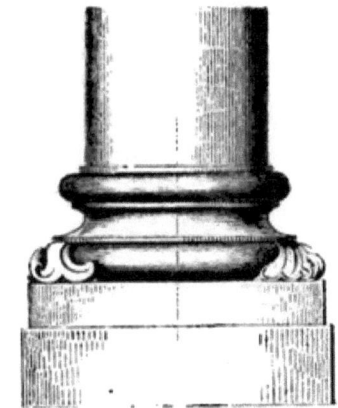

Fig. 204. Säulenbasis aus dem Kreuzgange zu Laach.

Basis. Wo man dieselbe an Sockeln oder Pfeilern anwandte, ließ man die einfache Bildung bestehen, nur daß eine etwas stumpfe, hohe Behandlung der Frühzeit, eine volle, elastisch geschwungene der Blüthenepoche, eine flache tief ausgekehlte und selbst unterhöhlte der Spätzeit anzugehören pflegt. Aber als Säulenfuß erhielt die attische Basis — wie es scheint um's Jahr 1100 — einen Zuwachs, indem sich über den Pfühl ein ganz besonderes kleines Glied legt, das die vorspringende Ecke der unteren Platte ausfüllt. Dieses Eckblatt, welches ein unterscheidendes Merkmal romanischer Bauwerke ausmacht, gestaltet sich bald wie ein Knollen, ein Klötzchen, wie bei Fig. 203, wo zugleich der Unterschied der Pfeiler- und der Säulenbasis sichtbar wird, bald ist es als Pflanzenblatt (vgl. Fig. 204) oder auch als Thier, Löwe, Vogel, und selbst als Menschenkopf oder kleinere menschliche Figur gezeichnet; manchmal auch umfaßt es in hülsenförmiger Gestalt einen Theil des runden Pfühles.

Ganz neu und originell war endlich die Bildung des Kapitäls. Zwar blieb man in Ländern, wo der Einfluß zahlreich erhaltener antiker Denkmäler maßgebend war, fortwährend bei der Nachahmung

Fig. 205. Würfelkapitäl.

des korinthischen Kapitäls. In anderen Gegenden aber kam man zu einer durchaus neuen Form, welche aus einem an den unteren Enden (Fig. 205) abgerundeten

Fig. 206. Aus der Kirche zu Laach.

Fig. 207. Kapital aus der Kirche zu Denkendorf.

Würfel zu entstehen scheint. Es heißt demnach das kubische oder Würfel-

Fig. 205 u. 209. Kapitäle aus S. Godehard in Hildesheim.

kapitäl. Manchmal werden die Flächen desselben reich mit Ornamenten bedeckt, wie Fig. 206 und die unter Fig. 208 u. 209 abgebildeten Kapitäle zeigen.

Fig. 210. Kapitäl aus S. Marco zu Venedig.

Fig. 211. Kapitäl aus dem Kreuzgange zu Laach.

Neben dieser Form erscheinen noch andere Bildungen der Kapitäle, namentlich die kelch- oder glockenartige, welche einfach oder verziert angewendet wird (Fig. 207). Andere Kapitäle wieder scheinen eine Verschmelzung des würfelförmigen mit dem kelchartigen zu erstreben, so das unter Fig. 211 mitgetheilte aus dem Kreuzgange der Abteikirche zu Laach. Endlich geht neben diesen Formen noch eine freie Umgestaltung des antiken korinthischen Kapitäls her, die bald dieses, bald jenes Motiv des Vorbildes besonders hervorhebt und manchmal eben so ansprechend als originell umwandelt (Fig. 210). Auch der Pfeiler wird mehrfach ausgebildet, indem man seine Ecken abschrägt, abfaßt oder austieft und mit kleinen Ecksäulen verziert (Fig. 212).

Auch an anderen Gliedern wird eine ähnliche Ausschmückung mit Vorliebe angewandt. Gleich der Deckplatte des Kapitäls findet sich oft an den Kämpfer-

a
Kirche zu Hecklingen.

b
Kirche zu Gernrode.

Fig. 212. Gegliederte romanische Pfeiler.

gesimsen der Pfeiler, so wie an den Gesimsbändern, namentlich den über den Arkaden des Schiffes hinlaufenden, eine reichere bildnerische Ausschmückung. Gewöhnlich besteht dieselbe aus verschlungenen Ranken mit Blattwerk, oder aus

Fig. 213. Fries von der Kirche zu Faurndau.

gewundenen, einem Flechtwerk ähnlichen Bändern (vgl. Fig. 213 u. 214). Vorzüglich beliebt sind das Schachbrett- und das Schuppen-Ornament, ersteres

Fig. 214. Fries von der Kirche zu Denkendorf.

aus einem regelmäßigen Wechsel vortretender und ausgetiefter kleiner Würfel oder Stäbe (bei a in Fig. 215), letzteres aus über einander gereihten schuppenartigen Blättern bestehend (bei c), und in gewissen Gegenden außerdem noch der Zickzack (bei b in derselben Figur). Auch die untere Fläche der Arkadenbögen wird bisweilen mit zierlich verschlungenem Arabeskenmuster gefüllt, wie denn einzelne, besonders aufgestellte Säulen selbst an ihren Schäften manchmal einen eleganten Schmuck von

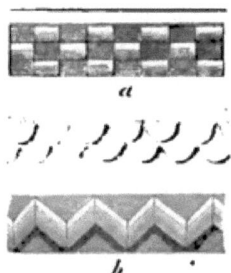

Fig. 215. Schachbrett-, Schuppen- und Zickzack-Ornament.

Blatt- und Blumenverschlingungen zeigen. Das Blattwerk und die Blumen des romanischen Styles gehören nicht den Bildungen der natürlichen Pflanzenwelt an. Die Formen sind durchweg verallgemeinert, architektonisch stylisirt, conventionell behandelt. Sie zeigen überall eine kräftigere Zeichnung, eine vollere Körperlichkeit, als die Natur in ihren Gebilden darbietet (vgl. Fig. 216). Auch werden die Blattrippen häufig mit den sogenannten Diamanten, kleinen runden, an einander gereihten Vertiefungen (Fig. 211 u. 213) besetzt. Ein anderes wichtiges Element bilden die auf dem Spiel geometrischer Linien beruhenden Verzierungen, unter denen die Rauten-

Fig. 216. Ornament von Schwarz-Rheindorf.

form, das geflochtene Band, die Wellenlinie, der Zickzack (letzterer vorwiegend an den normannischen Denkmälern) die gewöhnlichsten sind. Endlich kommen aber auch Thier- und Menschenbildungen, vornehmlich an Kapitälen und Gesimsbändern, in gewissen Gegenden häufig vor. Fig. 217 gibt eine Uebersicht über die verschiedenen Gattungen romanischer Ornamentik in ihren geometrischen, vegetabilischen und figürlichen Bestandtheilen.

Aehnlich den altchristlichen Basiliken sind nun auch die Wandflächen und selbst

die Holzdecken der romanischen Kirche mit Gemälden reichlich ausgestattet gewesen, von denen sich unter der späteren Tünche Manches erhalten hat. Für das Aeußere bestand die durchgreifende Neuerung des romanischen Styls in der organischen Verbindung von Thurmbau und Kirche. Das praktische Bedürfniß schien auf die Anlage eines einzigen Thurmes hinzuweisen, und in der That finden sich Kirchen, welche einen solchen an ihrer Westseite besitzen. Gewisse Mönchsorden, namentlich die Cisterzienser, verbannen sogar diesen Thurm, und begnügen sich mit einem leichten Glockenthurm, der als

Fig. 217. Vom Portal der Jakobikirche zu Koesfeld.

Dachreiter auf dem Kreuzschiffe angebracht ist. Die künstlerisch maßgebenden Bauwerke jenes Styles haben jedoch meistens zwei westliche Thürme, welche sich in kräftiger Masse zu beiden Seiten des zwischen ihnen verlängerten Mittelschiffes erheben. Häufig wurde sodann der die Thürme verbindende Mauertheil höher emporgeführt und horizontal mit einem gegen das Mittelschiff geneigten Dache abgeschlossen. Den Hauptschmuck der Façade bildete das Portal. Durch mehrere hinter einander folgende rechtwinklige Ausschnitte, in welche man dünne Säulen stellte (vgl. Fig. 217, sowie Fig. 231), gewann man für die Laibung desselben eine schräge, durch runde und eckige Glieder und durch kräftige Schattenwirkung lebendig bewegte Linie, die sich nach außen erweiterte. Diese Gliederungen führte man in consequenter Weise an dem Rundbogen, mit welchem das Portal geschlossen wurde, durch, so daß auch hier der Wechsel von Rundstäben und Mauerecken eine lebendige Wirkung gab. Da aber die eigentliche Oeffnung des Eingangs

Fig. 218. Abteilkirche Laach. Westlicher Aufriß.

in der Regel durch einen horizontalen Thürsturz gebildet wurde, so entstand über diesem ein vom Rundbogen umrahmtes Feld (das Tympanon), welches man durch bedeutsame Reliefdarstellungen, meistens die Gestalt des thronenden Erlösers mit dem Buche des Lebens, begleitet von den Schutzheiligen der Kirche, zu schmücken pflegte.

Neben jener gewöhnlichen Thurmanlage findet man an romanischen Kirchen auch noch andere Anordnungen der Thürme, und zwar gruppiren sich dieselben ent-

Fig. 219. Von der Kirche zu Schöngrabern. Unterer Fries der Langseite.

Fig. 220. Von der Kirche zu Schöngrabern. Oberer Fries der Langseite.

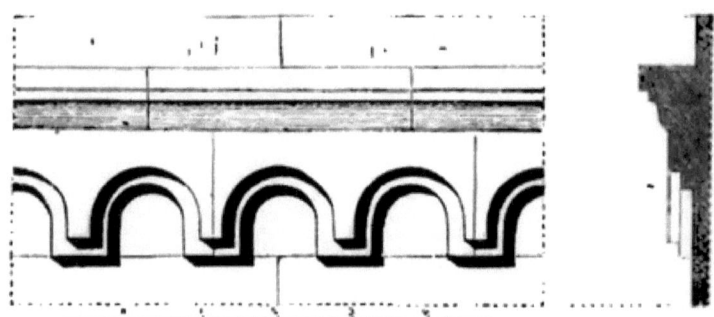

Fig. 221. Von der Kirche zu Schöngrabern. Fries der Apsis.

weder am westlichen Ende der Kirche, oder um das Kreuzschiff und den Chorbau. Sehr häufig verbinden sich beide Systeme; doch auch hierin beobachtet man manche

Verschiedenheiten. Es wurde nämlich in gewissen Gegenden früh schon auf der Vierung eine Kuppel errichtet, die sich nach außen durch einen aus der Kreuzung von Langhaus und Querschiff aufsteigenden Thurm bemerklich machte. Um ein Beispiel höchster Ausbildung zu bieten, an welchem obendrein die Durchbildung des gesammten Außenbaues klar zu erkennen ist, geben wir unter Fig. 218 den östlichen Aufriß der Abteikirche Laach. Man hat den Blick auf die drei Chornischen. Die beiden kleineren treten aus der östlichen, in ruhiger Mauerfläche aufstrebenden Wand des Querschiffes hervor; die Hauptnische lehnt sich an den Giebel des Chores. Diese Theile geben eine klare Vorstellung von der Behandlung der Mauerflächen im romanischen Style. Kräftige pilasterartige Streifen, vom gemeinsamen Sockel emporsteigend und bis dicht unter das Dach reichend, die sogenannten Lisenen,

fassen nicht blos die Ecken ein (wie im Querschiff), sondern gliedern auch in bestimmten Abständen (wie an den kleineren Nischen und dem Unterbau der Hauptnische) die Mauerflächen. Unter dem Dache werden die Lisenen durch den sogenannten Rundbogenfries verbunden. Dieser besteht aus an einander gereihten kleinen Halbkreisbögen, die, mit ihren Schenkeln meistens auf kleinen Kragsteinen aufsetzend, das Dachgesims begleiten. Von der verschiedenen einfacheren oder reicheren Zusammensetzung, derberen oder feineren, schlichteren oder mannichfaltigeren Profilirung dieses für die Außenarchitektur romanischer Kirchen so vorzüglich bedeutsamen Gliedes theilen wir unter Fig. 219—221 entsprechende Beispiele mit. Eine glänzendere Ausstattung wendet man gern der großen Chornische zu, um dieselbe auch äußerlich als besonders ausgezeichneten Raum erkennen zu lassen. Die Fenster werden an hervorragenden Stellen durch Einfassung mit kleinen Säulen ausgezeichnet, wodurch ihre Laibung eine reichere Wirkung

Fig. 222. Vom Dom zu Speier.

erhält. So hier (bei Fig. 218) an den Fenstern des Querschiffes.

Die Thürme erhalten durch Schallöffnungen, welche durch Säulchen getheilt und mit Rundbögen gewölbt sind, eine lebendige Schattenwirkung und eine Erleichterung der zwischen den kräftig behandelten Ecken liegenden Mauermasse. Um die dicke Mauer mit den dünnen Säulchen zu vermitteln, wird auf das Kapitäl ein sogenannter Kämpfer gesetzt, d. h. ein von schmaler Grundfläche des Kapitäls sich stark verbreiterndes Glied, das vielleicht dem byzantinischen Kapitälansatz seine Entstehung verdankt. Am Kreuzthurm (Fig. 218) bemerkt man über den Schalllöchern kleinere Oeffnungen in Gestalt eines sogenannten Vierblattes, welche der romanische Styl auch an Fenstern bisweilen anwendet. Die Bedachung der Thürme (der Helm) besteht aus einer ihrer Grundform entsprechenden, also vierseitigen

die gegenüberliegenden Stützen verbinden, theilen den Raum des Mittelschiffes in seine besonderen Gewölbejoche (Travéen) ab. Zwischen diese Gurtbögen, von ihnen gehalten und getragen, fügt sich das Kreuzgewölbe, in mächtiger Dicke manchmal bis zu zwei Fuß stark massiv gemauert. Indem nun die einzelnen Gewölbe mit ihrem Druck zum Theil gegen einander wirken, werfen sie durch ihre fortgesetzte Reihe den Schub einerseits auf die mächtige, meistens durch Thürme verstärkte

Fig. 225. Romanisches Gewölbesystem.

westliche Schlußmauer, andererseits auf die kräftig entwickelten Eckpfeiler der Vierung und die Mauern von Querhaus und Chor. Um aber nach der anderen Richtung den Gewölben zu widerstehen, sind die Kreuzgewölbe der Seitenschiffe angeordnet und sämmtliche Mauern in beträchtlicher Stärke emporgeführt.

Diese Umgestaltung hat manche Aenderung im Gefolge. Der Arkadensims wird meistens beseitigt. Die Fenster erhalten eine veränderte Stellung, indem man bald in jede Schildbogenwand zwei Fenster dicht neben einander ordnet. Noch ist hinzuzufügen, daß auch die Gewölbe in reicheren Kirchen ganz mit Gemälden ausgeschmückt wurden, wie der Dom zu Braunschweig sie noch jetzt zeigt.

Einer abweichenden, in gewissen Gegenden auftretenden Anordnung haben wir ferner hier zu gedenken. Es ist die Anlage von oberen Geschossen, Galerien oder Emporen, über den Seitenschiffen, die sich ebenfalls mit Bogenstellungen gegen den Mittelraum öffneten. Sie mögen wie die in der Mauerdicke liegenden Nischen, die man bisweilen findet, durch byzantinische Einflüsse entstanden und durch das Bedürfniß möglichster Raumerweiterung eingeführt worden sein.

Auf die Gestaltung des Aeußeren wirkt die Aufnahme des Gewölbes nicht wesentlich zurück. Nur an der Gruppirung der Fenster gibt sich der innere Organismus deutlich zu erkennen. Sodann aber erschien es wünschenswerth, die Lisenen, welche den inneren Gewölbstützen entsprachen, kräftiger und in besonders sorgfältiger Fugenbildung auszuführen, um an diesen vorzüglich gefährdeten Stellen das wirksamste Widerlager zu erzeugen. Endlich ist noch einer Anordnung zu erwähnen, die man in gewissen Gegenden, namentlich in Italien und am Rhein findet. Dies sind offene, auf einfachen oder gekuppelten Zwergsäulen mit kleinen

Rundbogen ruhende Galerien, welche dicht unter dem Dachgesims sich an der Apsis und anderen ausgezeichneten Theilen der Kirche hinziehen.

3. Der sogenannte Uebergangsstyl.

In den Grundzügen, welche wir in den letzten Abschnitten zu zeichnen versuchten, beharrte der romanische Styl bis weit über die Mitte des 12. Jahrhunderts. Um diese Zeit machen sich innerhalb des romanischen Formgebiets Erscheinungen bemerklich, die in gewissem Grade die Reinheit und Strenge des Styls verwischen und an die Stelle seiner bei aller Mannichfaltigkeit im Einzelnen doch imposanten Ruhe ein unruhiges Schwanken und selbst ein zweckloses Spiel mit Gliederungen und Constructions-Elementen setzen. Grundanlage, Aufbau und Eintheilung der Räume bleiben zwar im Wesentlichen dieselben, allein es macht sich das Bestreben nach größerer Leichtigkeit und Schlankheit, nach lebendigerer Theilung der Massen geltend, und zu den auf den höchsten Grad des Reichthums und der Zierlichkeit entwickelten Formen des alten Styls gesellt sich als fremdartig neues Element der Spitzbogen. Dieser bildet das hervorstechendste Merkmal der Uebergangsbauten. Wir fanden seine Form schon in der Frühzeit der ägyptisch-mohamedanischen Architektur, doch ohne tiefere constructive Bedeutung. Auch jetzt nimmt er zunächst eine vorwiegend decorative Stellung ein und erscheint bald an diesem, bald an jenem Theile der Bauwerke. Manchmal findet man ihn z. B. an den Arkaden, indeß Wölbungen und Fenster noch rundbogig sind. Auch kommt es vor, daß die östlichen Theile, bei denen man den Bau zu beginnen pflegte, noch den Rundbogen zeigen, während das in derselben Bauepoche entstandene Langhaus den mittlerweile wahrscheinlich in Aufnahme gekommenen Spitzbogen hat. Bei anderen Gelegenheiten ergab sich die neue Form durch eine besondere Nothwendigkeit. Wollte man nämlich Stützen von verschiedener Abstandsweite durch gleich hohe Bögen verbinden, so mußte zwischen den engeren Stützen, wofern man nicht den Rundbogen überhöhte, ein Spitzbogen angewandt werden.

Auf ähnliche Weise mochte nun zunächst auch am Gewölbe diese Bogenform sich eindrängen. Sobald man nichtquadratische, längliche Felder einwölben wollte, ohne den Rundbogen ganz aufzugeben, kam man dazu, die engere Säulenstellung spitzbogig zu verbinden, um mit dem über den weiteren Abständen errichteten Rundbogen gleiche Scheitelhöhe zu erreichen. War man erst so weit, so ergab sich eine durchgreifende Aufnahme des Spitzbogens bei der Wölbung um so leichter, als man dadurch auch für die Anordnung des Grundrisses größere Freiheit gewann. In der rein romanisch gewölbten Basilika beherrschte der Rundbogen auf's Strengste die Bildung der Plananlage, da man für alle Gewölbfelder eine möglichst quadratische Form haben mußte. Sobald man den Spitzbogen einführte, war eine freiere Bewegung auch für die Bildung des Grundrisses gestattet. Im Allgemeinen ist jedoch festzuhalten, daß der romanische Spitzbogen in statischer Hinsicht sich vom Rundbogen kaum unterscheidet, da er keine bedeutende Steigung und oft einen so

unmerklich erhöhten Scheitel hat, daß man ihn sehr leicht mit dem Rundbogen
verwechselt. Wenn man aber auch die Quergurte nicht erheblich erhöhte, so kam
es dagegen immer mehr in Gebrauch, die Scheitel der Kreuzgewölbe sehr hoch
hinaufzuziehen, so daß die Durchschnitte durch die Mitte des Gewölbes nicht mehr
eine gerade, sondern eine gekrümmte Linie ergeben (vgl. Fig. 226). Die Construktion der Gewölbe blieb aber meistentheils dieselbe schwerfällig lastende, bei
welcher die ganzen Kappen aus mächtigen Bruchsteinen höchst massiv ausgeführt
wurden. In manchen Gegenden jedoch, wo man ein leichteres Material, z. B.
den porösen Tuffstein, besaß, mauerte man, wahrscheinlich durch das Vorbild des

Fig. 226. Dom zu Limburg. Querdurchschnitt.

gothischen Styles angeregt, die Gewölbkappen aus diesem Material möglichst leicht,
und ließ sie nicht allein an den Quergurten, sondern auch an kräftigen, von Hausteinen sorgfältig zusammengesetzten Kreuzrippen (Diagonalrippen) eine Stütze
finden. Man bildete in der Regel solche Rippen in der Form von einfachen oder
gedoppelten Rundstäben. An den Rundstäben brachte man gern in gewissen Abständen tellerförmige große Schilder mit Sculpturschmuck an und ließ die Rippen
selbst in einem oft als reiche Rosette gestalteten Schlußsteine zusammentreffen.
Die Ausbildung des Gewölbes hatte unmittelbar eine weitere Entwicklung des

Pfeilers zur Folge, so daß derselbe kreuzförmige Gestalt mit Halbsäulen und Ecksäulen erhielt (Fig. 227). Letztere bekamen oft in halber Höhe oder in mehreren
Abständen ringförmige Umfassungen. Auch für die Quergurte und die Arkadenbögen, vor welche man gern kräftige Halbrundstäbe legte (Fig. 228 u. 229), hatte
man am Pfeiler entsprechende Vorlagen in Gestalt von Halb- oder Dreiviertelsäulen
angeordnet.

Auch am Aeußeren treten nun Veränderungen auf, zunächst in der Behandlung
der Fenster. Man kam bald daranf, je drei Fenster zusammen zu ordnen, rund
oder spitz geschlossene, von denen meistens das mittlere höher hinaufreicht (Fig. 230
und 231). Ferner bildete man aus den früher einfacheren Kreisfenstern prächtige Rosen- oder Radfenster, große kreisrunde Oeffnungen, die durch speichen-

artige, in der Mitte zusammentreffende Rundstäbe in viele Theile
zerlegt werden (Fig. 232). Am häufigsten werden sie über dem
Westportal, sodann aber auch an den Kreuzschiffgiebeln angebracht.
In manchen Gegenden findet man selbst halbirte Radfenster,
Fenster in Fächerform (Fig. 233) und noch andere auffallende
Bildungen.

Fig. 227.
Gegliederter Pfeiler.

An den Portalen beharrt diese Zeit bei jener reichen Ent-
wicklung, welche schon der Blüthenepoche des romanischen Styls eigenthümlich war.
Doch werden die Säulchen schlanker gebildet, die Ornamente gehäuft, selbst die

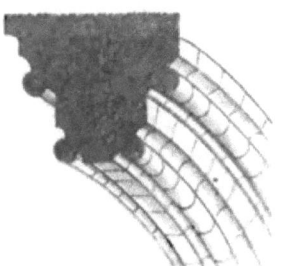 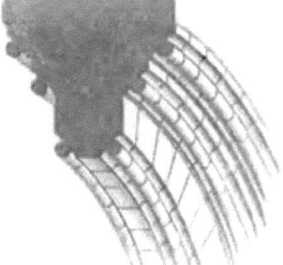

Fig. 228. Gurt der Kathedrale von Paris.   Fig. 229. Gurt der Kathedrale von Tours.

Schäfte gerippt, canellirt oder mit anderen Verzierungen bedeckt, besonders aber durch
die charakteristischen Ringe ausgezeichnet (Fig. 234). Aber auch an wesentlicheren
Umgestaltungen fehlt es nicht. Dahin gehört vornehmlich, daß die Ueberwölbung des
Portals häufig spitzbogig wird, oder daß andere seltsame Formen in Anwendung
kommen, die ohne Zweifel durch maurische Einflüsse entstanden sind. Es findet sich
nämlich an Portalen, Galerien oder schmückenden Bogenstellungen bald der runde, bald
der zugespitzte Dreiblatt- oder Kleeblattbogen (Fig. 235 a u. b. Vgl. auch
Fig. 234). Andere, noch entschiedenere Nachklänge maurischer Bauweise treten
mehr vereinzelt auf. So findet man in einigen Bauwerken dieser Zeit den Hufeisenbogen jenes Styls an den Gurten der Gewölbe angewandt, wie in der

Krypta zu Göllingen (vgl. Fig. 235), und selbst die phantastischen Zackenbögen
der mohamedanischen Architektur trifft man bisweilen an. (Fig. 236).

Fig. 230. Dom zu Münster.   Fig. 231. Kirche zu Nittagshausen.

Auch die Gesimse werden nun umgestaltet, und zwar ebenfalls in mannich-
fachster Weise. Häufig verwandeln sich die kleinen Rundbögen derselben in spitze
oder runde Kleeblattformen, die sodann in kräftiger und reicher Profilirung durchgebildet werden. Auch andere Formen kommen vor. Der einfache Spitzbogen wird

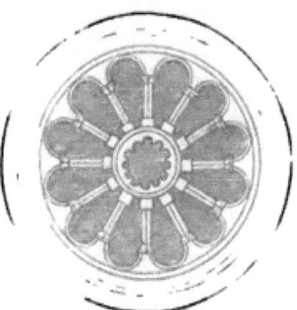

Fig. 232. S. Zeno in Verona.   Fig. 233. S. Quirin zu Neuß.

häufig an den Gesimsen angewandt und dadurch ein Spitzbogenfries hervorgebracht.
Im Uebrigen bleiben auch für die Gliederung des Aeußeren die im romanischen
Styl herrschenden Gesetze in Kraft, und wir treffen Lisenen, Wandsäulchen, Blend-
bögen und Galerien in reicher Mannichfaltigkeit. Nur an den Thürmen bemerkt
man ein schlankeres Aufstreben, was namentlich an den steileren Dachhelmen sich
kund giebt, und eine lebendigere Gruppirung, so daß auf den Ecken eines kräftigen
Hauptthurmes sich kleine Seitenthürmchen aus dem Kern lösen und die aufsteigende
Mittelspitze begleiten.

Was nun die Detailbildung dieser Bauten betrifft, so beruht auch sie
noch wesentlich auf den Grundzügen entwickelter romanischer Architektur. Aber
wenn auch die Elemente dieselben bleiben, ihre Behandlung ist doch eine andere.

An Basen und Sockeln herrscht noch immer die eckblattgezierte attische Basis, aber ihre Glieder werden nicht mehr so hoch und straff, sondern flacher, weicher, tiefer ausgekehlt gebildet, so daß die Pfühle zusammengedrückt erscheinen und die Hohl-

Fig. 231. Portal zu Heilsbronn.

kehle eine nach unten vertiefte Rinne darstellt. Das Eckblatt wird dadurch ebenfalls flacher, breiter und meistentheils in reicher Pflanzenform behandelt. Ein ähnliches Verhältniß bemerkt man an allen übrigen Gliedern, besonders den Gesimsbändern und Kämpfergesimsen. Hier findet eine immer reichere Zusammensetzung statt, so daß scharf vorspringende mit tief ausgekehlten Stäben wechseln, wodurch eine

äußerſt lebendige Schattenwirkung erreicht wird. Das Ornament ſelbſt gewinnt oft
den höchſten Grad von Schönheit und Eleganz (vgl. Fig. 238 u. 239). Beſonders
wird auch hier zufolge der äußerſt glänzenden Technik, die inzwiſchen ſich ausgebildet

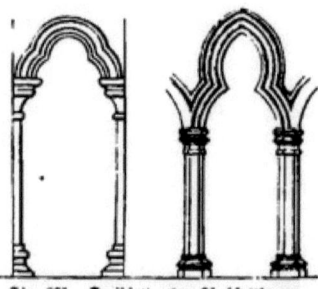

Fig. 235. Dreiblatt= oder Kleeblattbogen.   **Fig. 236. Krypta zu Göllingen.**

hatte, das Blattwerk immer tiefer unterhöhlt. Alle Glieder des Baues, nament=
lich die Einfaſſungen der Portale, Säulenſchäfte und Archivolten (Fig. 239) werden

Fig. 237. Schloßkapelle zu Freiburg.

mit eleganten Ornamenten bedeckt. Ein für die
letzte Uebergangsepoche vorzüglich bezeichnendes
Kapitäl iſt das öfter vorkommende Motiv eines
ſchlanken Kelches, welchen in zwei Reihen über
einander an langen Stengeln ſitzende Blatt= oder
Blumenknospen bekleiden (Fig. 240). Statt der
Knospen treten zuweilen auch Thier= oder
Menſchenköpfe ein (Fig. 241). Mit der reichen
Gliederung und Decoration hing auf's Innigſte der Farbenſchmuck zuſammen, den
man den Kirchen nach wie vor zu geben nicht unterließ. Dieſer beſtand nicht allein aus
den figürlichen Darſtellungen heiliger Perſonen und Geſchichten, ſondern auch aus
einer Bemalung der Glieder und Ornamente, der Säulen, Kapitäle, Geſimſe,
Gewölbrippen.

Noch iſt einer beſonderen Eigenthümlichkeit dieſer Bauweiſe zu gedenken.
Man findet ſehr häufig in Werken der Uebergangszeit ein plötzliches Abbrechen der
Säulen und Pilaſter in halber Höhe, ſo daß ſie oben aus der Wand heraus=
zuwachſen ſcheinen. Dort verkröpfen ſich dieſe Vorlagen dann plötzlich und be=
zeichnen die Stelle ihres Aufhörens durch reich geſchmückte Kragſteine. Eins der
ſchönſten Beiſpiele geben wir nach Viollet le Duc in Fig. 242 aus der Abteikirche
zu Bezelay in Burgund.

Wir haben nun ſchließlich noch zu bemerken, daß die mittelalterliche Kirche
in der Regel aus einer Umgebung mannichfach geſtalteter Baulichkeiten ſich erhebt.
Schon die Sakriſtei, die ſich meiſtens der Nordſeite des Chors anlehnt, giebt

sich als ein die Symmetrie aufhebender Anbau zu erkennen. Wichtiger für die künstlerische Gestaltung sind die Kreuzgänge (auch Umgänge genannt), welche in der Regel an der nördlichen oder südlichen Seite der Kirche liegen und mit dem betreffenden Kreuzflügel und Nebenschiffe durch Eingänge in Verbindung stehen.

Fig. 238. Aus dem Dom zu Limburg.

Es sind bedeckte Hallen, meistens mit Kreuzgewölben versehen, im Viereck einen Garten oder Begräbnißplatz umschließend (Fig. 243). Außerdem bedurfte jedes

Fig. 239. Bogenwulst an der Kirche zu Gelnhausen.

Kloster eine Menge anderer, verschiedenartiger Räumlichkeiten, unter welchen das Refectorium, auch Remter (der Speisesaal), und der Kapitelsaal (der Ort für die Berathungen des Convents) besonders sorgfältiger Ausbildung sich erfreuten. Endlich wurde der ganze Complex sammt den umgebenden Wirthschafts-Gebäuden und Hofräumen durch eine Umfassungsmauer umschlossen, die an reicheren Abteien oft festungsmäßig durchgeführt und mit einem Zinnenkranze gekrönt ist. In Deutschland ist die Anlage des ehemaligen Cisterzienserklosters Maulbronn in Würtemberg eine der umfangreichsten und besterhaltenen.

Fig. 210. Dom zu Magdeburg.   Fig. 211. Kirche zu Bienne

Die Profan-Architektur ist in romanischer Zeit noch vorwiegend einfach. Der Ritter hatte bei Er-

Fig. 242. Aus der Kirche zu Bezelau.

richtung seiner Burg mehr die Sicherheit als die künst-lerische Ausschmückung im Auge. Doch haben sich aus jener Epoche einzelne be-deutende Burganlagen er-halten, welche auch in dieser Hinsicht von ° stattlicher Wirkung sind. Wir nennen die Kaiserburg zu Goslar, den Barbarossapalast zu Gelnhausen und die neuer-dings restaurirte Wart-burg. Corridore, die mit offenen Säulenstellungen sich vor den Zimmerreihen hin-ziehen, gewähren den Blick in's Freie und verleihen dem Gebäude bei kräftiger Ge-sammtform den Reiz male-rischer Wirkung. Stets findet sich in der mittelalter-lichen Burg eine Kapelle, die oft in zwei Geschossen über einander angeordnet sich zur Doppelkapelle entwickelt. Auf den Burgen zu

Nürnberg, Goslar, Eger, Freiburg an der Unstrut trifft man solche Anlagen. In den Städten fing man an, die Rathhäuser und andere für öffentliche Zwecke errichtete Gebäude bedeutsamer anzulegen und reicher auszustatten, und

Fig. 243. Kreuzgang im Dom zu Neuraß.

selbst das bürgerliche Wohnhaus begann an den Vorzügen künstlerischer Ausschmückung Theil zu nehmen. Einzelne romanische Wohnhäuser haben sich in Trier und Köln erhalten; mehrere finden sich zu Cluny in Frankreich, und einen seltenen Reichthum frühmittelalterlicher Privatgebäude bewahrt Goslar.

b. Die äußere Verbreitung.

1. In Deutschland.

In Deutschland knüpfen sich die ersten in selbständigem Geiste ausgeführten künstlerischen Unternehmungen an die glanzvolle Regierungszeit der sächsischen Kaiser. Wir haben ihre Werke daher zunächst in den

Sächsischen Ländern aufzusuchen. Hier tritt zu Anfang des 11. Jahrh. die flachgedeckte Basilika bereits mit ihren wesentlichen Merkmalen auf. Ihre Arkaden ruhen meistens auf wechselnden Pfeilern und Säulen, und zwar bald mit zwei bald mit einer Säule zwischen den einfach gebildeten Pfeilern. Ersteres zeigen die Kirchen S. Godehard und S. Michael in Hildesheim, ferner die Schloß-kirche zu Quedlinburg, letzteres die sehr alte Kirche zu Huyseburg u. a. Nicht minder zahlreich ist die Pfeilerbasilika vertreten, einfach und flachgedeckt in der Liebfrauenkirche zu Halberstadt, zum Theil gewölbt in der Kirche zu Königslutter, völlig mit rundbogigen Kreuzgewölben im Dom zu Braun-schweig und schon im Uebergangsstyl in den Kirchen zu Loccum, Ribbags-hausen und der Klosterkirche Neuwerk zu Goslar. Nur ausnahmsweise kommt dagegen die Säulenbasilika vor wie in der Moritzkirche vor Hildesheim und der Kirche zu Hamersleben. Die Kirchenanlage behält hier bis in die Spätzeit des Styles einen ernsten schlichten Charakter. Dem entspricht auch die Thurmanlage, die nur ausnahmsweise sich überreich gestaltet, während in der Regel die Kirche mit den beiden Façadenthürmen, zu denen manchmal noch ein Thurm auf der Kreuzung tritt, sich begnügt.

In Thüringen und Franken finden wir manche Merkmale der sächsischen Bauten, die Mannichfaltigkeit der Arkadenbildung und überhaupt der innern Raumentfaltung und Ausstattung bei würdig und ernst behandeltem Aeußeren wieder. Neben der überwiegend angewandten Pfeileranlage wie im Dom zu Würzburg, S. Michael zu Bamberg, den Kirchen zu Thalbürgel und Memleben, kommt die reine Säulenbasilika häufiger vor. So die prächtigen Ruinen der Kirche zu Paulinzelle, S. Jakob zu Bamberg und die Kloster-kirche zu Heilsbronn. Unter den Bauten der Uebergangszeit stehen der Dom zu Naumburg und vor allem der Dom zu Bamberg als Muster großartiger Anlage und reicher Ausbildung da.

In den Rheinlanden machen sich zuerst Anklänge an die antike Baukunst, die durch zahlreiche Römerwerke lebendig erhalten wurden, überwiegend bemerkbar. Bald aber tritt ein Fortschritt ein, der hauptsächlich auf dem Bestreben beruhte, die Kreuzanlage durch Aufnahme der Kuppel zu entwickeln. Diese Idee stützte sich auf eine durchgreifendere Anwendung des Gewölbebaues. Dieser tritt denn auch wirklich an den rheinischen Bauten, vermuthlich unter Begünstigung des leichten Tuffstein-Materials, bereits gegen Ausgang des 11. Jahrhunderts auf.

Indem man auf der Vierung des Kreuzes eine Kuppel emporführte, sie mit einer Gruppe von Thürmen umgab oder sie selbst nach außen als mächtigen Thurm aus- bildete, ja sogar die Kreuzarme bisweilen halbkreisförmig oder polygon schloß, ge- wann man eine ungemein malerische Anlage. Ein besonderer Eifer regte sich auch für die Ausschmückung des Aeußeren, an welchem die unter dem Dachgesims sich hinziehenden Säulengalerien des Chors und Querschiffes, ja bisweilen auch des Langhauses, als bezeichnendes Merkmal hervortreten. Diese Richtung steigerte sich noch an den Uebergangsbauten, so daß diese, unter Anwendung mannichfacher phan- tastischer Formen und einer prächtigen Ornamentik, bisweilen eine überaus glän- zende Erscheinung gewinnen. Als eigenthümlichen Zusatz erhalten die späteren

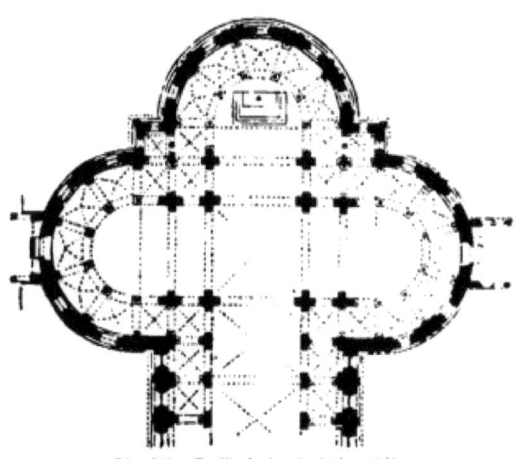

Kirchen dieser Gruppe oft eine Empore über den Sei- tenschiffen, die sich mit Bogenstellungen gegen den Mittelraum öffnet.

Flachgedeckte Kirchen findet man hier verhält- nißmäßig selten. Gewöhn- lich wurden solche Anlagen schon in romanischer Zeit mit Gewölben nachträglich versehen. Eine der groß- artigsten Säulenbasiliken war die jetzt in Trümmern liegende Klosterkirche zu Limburg in der Pfalz.

Fig. 244. S. Maria im Kapitol zu Köln.

Sodann sind die Kirchen zu Höchst bei Frankfurt und S. Georg zu Köln als Säulenbasiliken zu bezeichnen. Als vereinzeltes Beispiel vom Wechsel des Pfeilers mit der Säule ist vorzüglich die Kirche zu Echternach bei Trier, ge- weiht im Jahre 1031, namhaft zu machen. Von der großen Anzahl reiner Pfeilerbasiliken nennen wir die Kirche zu Lorsch unfern Worms, ferner S. Castor und S. Florin zu Koblenz. Eine stattlichere Entfaltung des Grundrisses zeigt S. Maria im Kapitol zu Köln (Fig. 244). Zwei andere Kirchen Kölns nehmen das Motiv der Chor- und Kreuzschiff-Bildung von S. Maria auf, gestalten es jedoch in selbständiger Weise um: S. Aposteln und Groß S. Martin. — Wesentlich verschieden tritt zu gleicher Zeit der Gewölbebau in den mittelrheinischen Gegenden auf. Hier wird zwar ebenfalls die Vierung durch Kuppelanlage hervorgehoben, aber die Ausbildung des gewölbten Langhauses hält damit gleichen Schritt. Der Dom zu Mainz, mit doppelten Chören und westlichem Querschiff, zwei Kuppeln und je zwei Thürmen zu den Seiten der Chöre machte den Anfang und hatte den ebenso großartigen Dom zu

Speier (vgl. Fig. 224) und den etwas späteren Dom zu Worms zu Nachfolgern. Gleichzeitig entstand die Abteikirche Laach (vgl. die Fig. 218 u. 223) und die Doppel-Kirche zu Schwarz-Rheindorf bei Bonn. In der Uebergangsepoche entwickelte sich gerade am Rhein die Baukunst zu hoher Bedeutung. Die wichtigsten Werke dieser Spätzeit sind S. Quirin zu Neuß, um 1209 erbaut, ferner die zerstörte Kirche zu Heisterbach, das Münster zu Bonn, S. Kunibert und S. Gereon zu Köln, sowie die prächtigen Kirchen zu Andernach, Gelnhausen (Fig. 239) und Limburg an der Lahn (vgl. Fig. 226 u. 238).

In Westfalen und Hessen gestaltete sich der romanische Styl in anspruchsloserer Weise. Charakteristisch ist das seltene Vorkommen von flachgedeckten Basiliken, so wie das Ueberwiegen des Pfeilerbaues. Von Säulenbauten ist die große Klosterkirche zu Hersfeld bemerkenswerth. Als flachgedeckte Pfeilerbasiliken nennen wir die Kirchen zu Konradsdorf, Fischbeck, Kappenberg und Freckenhorst. Die Gewölbanlage wurde hier vermuthlich durch den Vorgang der angrenzenden Länder eingebürgert, aber sie verband sich, namentlich in Westfalen, am liebsten mit jener Basilikenform, welche einen Wechsel von Pfeiler und Säule zeigt. So an der Kilianskirche zu Lügde und S. Peter zu Soest. Das Aeußere zeigt sich besonders schlicht, selbst die Thurmanlage beschränkt sich meistens, sogar bei bedeutenden Kirchen, auf einen kräftigen Westthurm. Gewölbte Pfeilerbasiliken sind die Kirchen zu Arnsburg, der Dom zu Soest und die Marienkirche zu Dortmund. Erst in der Uebergangszeit entfaltet sich die Architektur in Westfalen zu reicherer Blüthe. Zu den stattlichsten Bauten dieser Epoche gehören die Dome zu Münster und zu Osnabrück, sowie S. Reinoldi zu Dortmund.

Inzwischen hatte sich schon während der Herrschaft des Rundbogens eine merkwürdige Richtung neben jener geschilderten in der westfälischen Architektur Bahn gebrochen, welche auf eine völlige Umgestaltung des Basilikenbaues, auf Anlage von gleich hohen Schiffen bei gleichen Gewölbtheilungen, ausging. Man nennt diese neue Form am bezeichnendsten Hallenkirche. Das Mittelschiff verlor dadurch seine ausschließliche Höhe, mit ihr die selbständige Beleuchtung; die Seitenschiffe kamen dem mittleren an Höhe nahe, und erhielten in den höheren Umfassungsmauern größere und zahlreichere Lichtöffnungen. Das Dach bedeckte in ungetheilter Masse die drei Schiffe, und fand in kräftigen, oberhalb der Gewölbe auf den Arkadenträgern ruhenden Pfeilern eine vermehrte Stützung. Die Johanniskirche zu Billerbeck ist ein zierliches Gebäude dieser Art. Zu bedeutsamerer Wirkung erhebt sich bisweilen diese Anordnung in größeren Kirchen, wie im Dom zu Paderborn und dem Münster zu Herford.

Im südlichen Deutschland, den schwäbischen und bayrischen Gebieten, wozu wir auch die deutsche Schweiz nehmen, begegnen wir den allgemein herrschenden Merkmalen des deutsch-romanischen Basilikenbaues, ohne daß eine vorzüglich charakteristische Sonderrichtung sich geltend machte, oder geschlossene Gesammtgruppen bedeutsamer hervorträten. Doch ist zu bemerken, daß die Säulenbasilika hier häufiger auftritt, womit es vielleicht zusammenhängt, daß ein so consequent fortschreitender Gewölbebau, wie er in Sachsen, den Rheinlanden und Westfalen sich bemerklich machte, hier nicht gefunden wird. Ueberwiegend herrscht die flache Säulenbasilika am Oberrhein in den schwäbisch-alemannischen Gegenden. So am Dom zu Konstanz, am Allerheiligenmünster zu Schaffhausen, den Kirchen zu Hirschau, Alpirsbach, Hagenau, Schwarzach und Faurndau. Der Pfeilerbau, minder verbreitet, hat doch auch in diesen Gegenden seine einzelnen Beispiele, wie der Dom zu Augsburg, die Cisterzienserkirche zu

Fig. 245. Aus der Vorhalle der Stiftskirche zu Ellwangen.

Maulbronn, die Stiftskirche zu Tiefenbronn und die Klosterkirche zum heiligen Grab zu Denkendorf im Würtembergischen. Die Anwendung des Kreuzgewölbes finden wir u. A. sodann an der Stiftskirche zu Ellwangen in Würtemberg (Fig. 245), der Michaeliskirche zu Altenstadt in Bayern und den Kirchen zu Murbach, Rosheim, Gebweiler und S. Fides zu Schlet-stadt im Elsaß. Unter den Bauten der Uebergangszeit ist als eins der bedeutend-sten Denkmäler das Münster zu Basel zu nennen, ferner die Liebfrauen-kirche zu Neuschatel. Auch das Querschiff des Münsters zu Freiburg im Breisgau gehört hierher.

In den österreichischen Ländern stehen alle Gebietstheile unter dem Einfluß deutscher Kunstübung, und selbst auf Slaven, Romanen und Ungarn erstreckt sich die Herrschaft des deutsch-romanischen Styles. Wir finden in der reichlich gepflegten, vorwiegend phantastischen Ornamentation denselben Grundzug, den wir in den Schulen des südwestlichen Deutschlands und der Schweiz angetroffen hatten, aber wir werden zugleich gelegentlich durch auffallende Anklänge an sächsische Bauten überrascht; daneben mischt sich in den südlichen Gegenden mancher Einfluß der lombardischen Bauweise, besonders in der Anlage und Ausbildung der Portale, ein. Bei der Planform zeigt sich wieder darin etwas Gemeinsames mit süddeutschen Anlagen, daß das Kreuzschiff häufig fortgelassen wird und die drei Schiffe ziemlich in gleicher Linie mit drei Apsiden schließen. Damit fällt denn auch eine reichere Thurmentfaltung fort. Die Form der Säulenbasilika scheint in den österreichischen Ländern gar nicht vorzukommen, und selbst von der gemischten Anordnung wechselnder Säulen und Pfeiler finden sich nur vereinzelte Beispiele. Dahin gehören S. Peter in Salzburg, und der Dom zu Seccau, sowie die kleine Kirche S. Georg auf dem Hradschin zu Prag. Ueberwiegend herrscht die Pfeilerbasilika und zwar zunächst mit flachgedecktem Mittelschiff. So zeigt es ursprünglich der Dom zu Gurk in Kärnthen, sodann die Stiftskirche S. Paul im Lavantthal, die Prämonstratenserkirche zu Griventhal, die Stiftskirche zu Eberndorf und die Cisterzienserkirche zu Viktring bei Klagenfurt. So soll auch die Stiftskirche zu Seitenstetten die Spuren einer Pfeilerbasilika zeigen, und endlich hat Böhmen in der großen Prämonstratenserkirche zu Mühlhausen (Milevsko) eine ähnliche Anlage aufzuweisen. Unter den ungarischen Kirchen gehören hieher die Kirche zu Felsö-Oers und der Dom zu Fünfkirchen.

In der Regel nahm man indeß die vollständige Wölbung der drei Schiffe und den gegliederten Pfeiler auf. Die Abteikirche Heiligenkreuz macht hier den Anfang. Ihr folgen die Kirche zu Deutsch-Altenburg, das Langhaus der Franziskanerkirche zu Salzburg, die Stiftskirche zu Inichen in Tyrol, die Dechanteikirche zu Eger und ebenfalls in Böhmen die Kirchen zu Tepl und Tismitz; besonders aber die Cisterzienserkirche zu Lilienfeld mit ihrem herrlichen Kreuzgang, und ebenso die Kreuzgänge zu Zwetl und Heiligenkreuz; endlich die Haupttheile der Kirchen zu Klosterneuburg, Neustadt und der Michaeliskirche zu Wien. Reiche Uebergangsbauten sind die Klosterkirchen zu Trebitsch und Tischnowitz in Mähren.

Eine geschlossene Gruppe bilden sodann die ungarischen Bauten. Sie folgen in Anlage, Construction und Detailbildung im Wesentlichen dem romanischen Style Deutschlands, haben am Aeußeren, an Portalen, Fenstern und Bogenfriesen den Rundbogen, im Innern dagegen an den Gewölben meistens den Spitzbogen. An der Westseite erheben sich in der Regel zwei Thürme mit steinernen Pyramidendächern. In der Ausschmückung entfalten die ungarischen Bauten den höchsten Reichthum und bisweilen eine seltene Schönheit und Originalität. Zu den wichtigſten Denkmälern dieſer Gruppe gehören die Benedictinerabtei Martinsberg, die Kirche zu Lébény (Leiden), der Dom zu Weſzprim, die jetzt zerſtörte Kirche von Nagy Károly, und die größtentheils in Trümmern liegende Kirche zu Zsámbék. Den höchſten Glanz entfaltet dieſe Architekturſchule an der Stiftskirche S. Jáf, die eins der prachtvollſten Portale des romaniſchen Styles beſitzt.

Im entſchiedenſten Gegenſatze dazu ſtehen die kleinen, ſchmuckloſen, ſelbſt rohen Bauten Siebenbürgens, die indeß die weſentlichen Merkmale des romaniſchen Styles zeigen. So die Kirche zu Michelsberg. Eine bedeutende gewölbte Pfeiler= baſilika iſt der Dom zu Karlsburg.

Im norddeutſchen Tieflande endlich, vorzugsweiſe den Küſtenländern ſammt den brandenburgiſchen Marken, geſtaltet ſich durch beſondere Kulturverhält= niſſe und materielle Bedingungen eine ſelbſtändige Umwandlung des romaniſchen Styles. Erſt im Laufe des 12. Jahrhunderts dem Chriſtenthum dauernd unter= worfen, fällt der Beginn der Bauthätigkeit hier in die Epoche der letzten romaniſchen Stylentwickelung. Man findet deshalb in den früheſten dieſer Bauwerke bereits den ſchweren romaniſchen Spitzbogen und andere Formen der Uebergangszeit. Während man nun im Ganzen ſich an das in den ſächſiſchen Gegenden gebräuchliche Schema anſchloß, wurde eine Umgeſtaltung der Glieder geboten, weil man bei dem Mangel gewachſenen Geſteins auf Herſtellung von Backſteinen angewieſen war. Daher mußten ſich gewiſſe Formen einer dem Material zuſagenden Umwandlung unter=

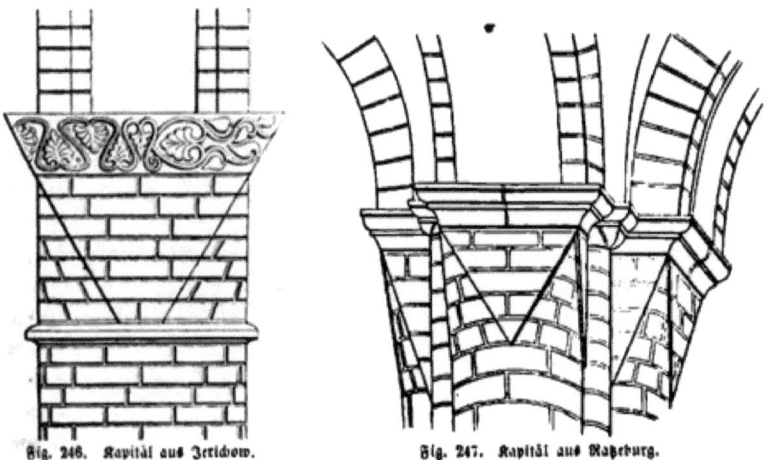

Fig. 246. Kapitäl aus Jerichow.   Fig. 247. Kapitäl aus Ratzeburg.

werfen. Unter dieſen iſt das Kapitäl für die innere Architektur das wichtigſte Glied. Man ging bei ſeiner Geſtaltung von der Würfelform aus: aber wenn dort der Uebergang von der runden Säule zur rechtwinkligen Deckplatte durch Kugel= abſchnitte bewirkt wurde, ſo wird er hier durch Kegelabſchnitte gebildet, ſo daß die ſenkrechten Flächen des Kapitäls nicht aus Halbkreiſen, ſondern aus Trapezen, wie

bei Fig. 246, oder aus Dreiecken, wie bei Figur 247, bestehen. Auch die Gesims-
und Kämpfergliederungen werden vereinfacht und umgestaltet. Das Ornament selbst
dagegen tritt fast gänzlich zurück, wenn nicht bisweilen ein aus gebrannten Formsteinen gebildetes Muster die Deckplatte schmückt oder auch die Kapitäle aus schwe-
dischem Kalkstein gearbeitet werden. Sodann verzichtete man fast ohne Ausnahme
auf den Säulenbau und nahm durchweg die einfache Pfeilerbasilika auf. Doch
gliederte sich der Pfeiler bald durch vorgelegte Halbsäulen, von welchen die Gurtbögen aufsteigen. Am Aeußeren behielt man die romanische Wandgliederung mit
Lisenen, auch wohl mit Halbsäulen, bei, nur die Bogenfriese erfuhren mancherlei
Aenderung. Der Rundbogenfries, aus einzelnen Formsteinen zusammengesetzt und
auf Consolen ruhend, kommt zwar auch vor; beliebter aber ist ein aus durchschneidenden Rundbögen gebildeter (Fig. 248 und Fig. 249 rechts), oder ein rauten-
förmiger, ebenfalls auf Consolen gestellter Fries (Fig. 249 links). Das Dachgesims wurde manchmal auf Consolen, mit einem Wechsel von vorspringenden und
zurücktretenden, wie bei Fig. 248, manchmal mit übereckgestellten Steinen, einer

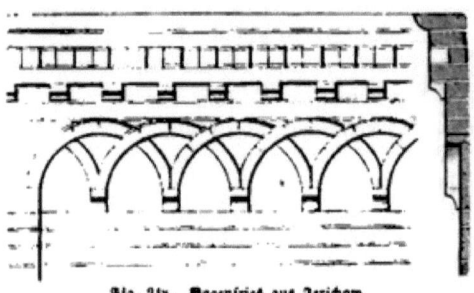

sogenannten Stromschicht, wie
bei Fig. 249, gebildet. Endlich ist noch zu bemerken, daß
man das Aeußere und Innere
der Kirchen im Rohbaue mit
sauber behandelten Fugen
stehen ließ, wenn nicht das
Innere ganz oder zum Theil
behufs malerischer Aus-
schmückung verputzt wurde,
wie z. B. die Kirche zu Röbel

Fig. 248. Bogenfries aus Jerichow.

in Mecklenburg. Für die Zeitbestimmung dieser Bauten ist zu beachten, daß der
romanische Styl, wie er hier später als anderwärts in Aufnahme kam, sich auch

länger erhielt, daß er erst gegen die
Mitte des 12. Jahrhunderts beginnt,
und in spitzbogiger Umgestaltung
noch bis gegen den Ausgang des
13. Jahrhunderts in Geltung bleibt.
Unter den norddeutschen Ziegel-
bauten erscheinen als die wichtigsten
die Klosterkirche zu Jerichow, um

Fig. 249. Bogenfries aus Ratzeburg.

1150 begonnen, ausnahmsweise eine Säulenbasilika, ferner als Pfeilerbasiliken
der Dom zu Brandenburg, vor seiner späteren Umgestaltung ein schlichter
Pfeilerbau, die Frauenkirche zu Jüterbogk, die Kirche zu Bahn, die später ein-
gewölbte Klosterkirche zu Dobrilugk und die in gothischer Zeit überhöhte und
mit Gewölben versehene Kirche des Klosters Oliva bei Danzig. Ein Gebäude von

durchaus abweichender byzantinisirender Anlage war die im Jahre 1722 zerstörte Marienkirche auf dem Harlungerberge bei Brandenburg. Unter den gewölbten Basiliken sind die Klosterkirche zu Arndsee, die in Trümmern liegende Klosterkirche zu Lehnin, der Dom zu Lübeck, die Dome zu Ratzeburg und zu Cammin, endlich die Kirche des Klosters Zinna, die wichtigsten.

2. Italien.

Eine nicht minder große Mannichfaltigkeit bietet Italien. Was aber den meisten italienischen Bauten gemeinsam blieb, das ist der Mangel eines mit dem Kirchenkörper verbundenen Thurmbaues. Die Façade schließt gewöhnlich in der durch die drei Langschiffe bedingten Form, die dann in verschiedenartiger Weise, entweder antikisirend oder nach romanischer Art mit Lisenen, Halbsäulen und Bogenfriesen sich gliedert. Manchmal wird die Façade indeß, ohne diese Rücksicht auf die Gestalt des Langhauses, höher und reicher als eigentliches Decorationsstück vorgesetzt. In einigen Gegenden gewinnt sodann ein mächtiger Kuppelthurm auf der Kreuzung eine besondere Bedeutung.

In Mittelitalien lassen sich zwei verschiedene Baugruppen sondern. Der Mittelpunkt der einen ist Rom. Hier baut man bis zum 13. Jahrhundert in jener nachlässigen Weise, welche sich der antiken Ueberreste sorglos bediente, fort, und weiß sich, wo endlich diese Quelle versiegt, durch eigene Schöpferkraft nicht zu helfen. So in S. Crisogono und in S. Maria in Trastevere. Von besonderem Interesse sind gewisse Werke architektonisch-decorativer Art, Tabernakel und Ambonen, bei welchen ein Flächenschmuck von buntfarbigen Glasmosaiken in eleganten geometrischen Mustern die Hauptrolle spielt. Berühmt in solchen Arbeiten war die Künstlerfamilie der Cosmaten. Werke dieser Art findet man in S. Lorenzo vor Rom, S. Clemente und anderen römischen Kirchen. Etwas selbständiger entfaltete sich die Architektur an gewissen nördlich von Rom gelegenen Kirchen, unter denen S. Maria zu Toscanella die edelste.

Eine höhere Richtung gewann der Basilikenbau in Toscana. Das Innere wurde in einfach klarer Weise durchgebildet, besonders aber das Aeußere entsprechend durch vielfarbigen Marmorschmuck ausgestattet. In der Bildung des plastischen Details, der Kapitäle und Gesimse, schloß man sich den antiken Formen an. Pisa ging hier mit dem Dom voran, der 1063 begonnen und durch den Baumeister Rainaldus ausgeführt wurde. Mit dem Dome bilden zwei andere dazu gehörige Bauten eine der großartigsten Gruppen: das Baptisterium, 1153 von Diotisalvi errichtet, und der Campanile (der Glockenthurm), von den Baumeistern Bonanno und Wilhelm von Junspruck im Jahre 1174 aufgeführt. In mancher Beziehung behaupten die Bauten in Florenz eine besondere Stellung. Minder originell in der Anlage, gehen sie auf eine noch feinere Detailentwicklung aus, und behandeln namentlich die musivische Ausschmückung mit verschiedenfarbigem

Marmor in besonders edler Weise. So das Baptisterium, besonders aber die Kirche S. Miniato in der Nähe der Stadt.

In Sicilien und Unteritalien bildete sich unter der Herrschaft der Normannen ein Styl, der aus römischen, byzantinischen und arabischen Elementen zusammengesetzt war. Der Spitzbogen, der überhöhte und der hufeisenförmige Bogen, die Stalaktitengewölbe so wie manche Elemente der Decoration kamen aus der mohametanischen Kunst herüber; die Plananlage schloß sich der abendländischen Basilika an; die Kuppel auf der Kreuzung, die Mosaiken, manche Ornamente und Detailformen sind wieder durchaus dem byzantinischen Styl entlehnt. Endlich aber kam als eigentlich nordisch-germanisches Element oft die Verbindung des Thurmbaues mit der Kirche hinzu, so daß zwei durch eine Säulenhalle verbundene Thürme

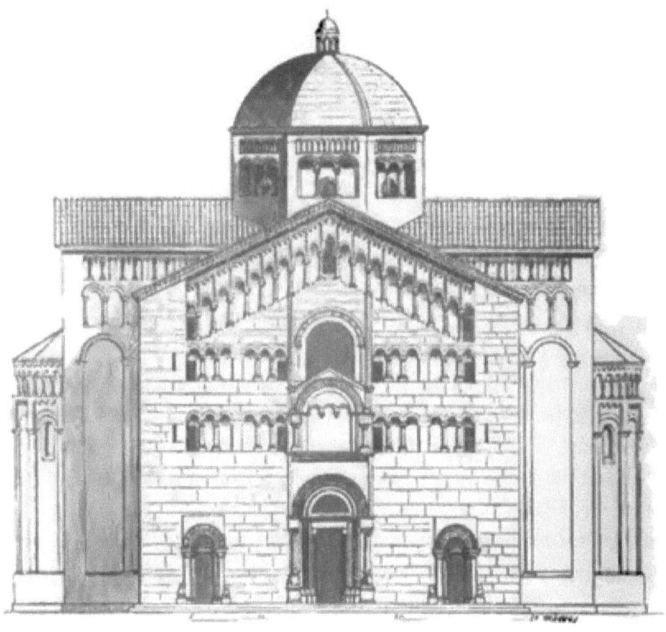

Fig. 250. Dom zu Parma. Westlicher Aufriß.

die Façade schließen. Die Blüthezeit dieses Styls gehört ebenfalls dem 12. Jahrhundert. Unter den sicilischen Bauten sind besonders die Schloßkapelle (Capella palatina) zu Palermo und der 1189 vollendete Dom von Monreale zu nennen.

In ähnlicher Weise, wenn auch in minder reicher Ausstattung zeigt sich dieser Styl an den Bauten Unteritaliens. So an den Domen zu Salerno, Amalfi, Ravello, Sessa, Bari, Trani, Caserta (vecchia) u. s. w.

In Venedig tritt uns eine von den übrigen italienischen Architekturgruppen durchaus verschiedene Bauweise entgegen. Der Seeverkehr mit den Ländern des Orients, namentlich mit Byzanz, führte zur Nachahmung der dortigen Architektur und zur Vorliebe für höchste Prachtentfaltung. Der Hauptbau ist die Kirche S. Marco, im Jahre 976 begonnen, 1071 vollendet, jedoch in ihrer verschwenderischen Fülle musivischen Schmuckes und anderer Decoration noch in den folgenden Jahrhunderten weiter bereichert. Der Kern des Baues bildet ein griechisches Kreuz, auf dessen Mitte und Endpunkten sich fünf Kuppeln erheben. Andere venetianische Bauten jener Zeit folgen, wie der Dom auf Torcello, dem Basilikenplane.

In der Lombardei begegnet uns an den Werken der Architektur das Streben nach der gewölbten Pfeilerbasilika. Man findet seit der zweiten Hälfte des 11. Jahrhunderts Kirchen mit Pfeilern und durchgeführtem Kreuzgewölbsystem. Im Wesentlichen zeigt sich an ihnen derselbe Entwicklungsgang, den wir auch an den deutschen Gewölbbauten fanden. Ein eigentlich selbständiges Element tritt nur in der Bildung der Façaden auf. Da nämlich auch hier die italienische Sitte der gesonderten Thurmanlage herrscht, so bildet man die Façade als einfachen Giebelbau aus; aber in der Regel nicht wie die toscanischen Bauten, indem man die Gestalt des Langhauses mit seinen hohen Mittelschiffen und den niedrigen Abseiten zur Richtschnur nimmt, sondern indem man die vor den Seitenschiffen liegenden Façadentheile höher emporführt und die ganze Breite als eine Masse mit schwach ansteigendem Giebel schließt (Fig. 250). Man gliedert seine Flächen nun durch vorgesetzte Pilaster oder Halbsäulen, die am Dache gewöhnlich mit Bogenfriesen in Verbindung treten. Häufig wird das Dachgesims von einer offenen Säulengalerie begleitet, die auch in halber Höhe bisweilen die Façade theilt und sich an den Langseiten des Baues fortsetzt. Die Dreitheilung liegt indeß der Façadenbehandlung in der Regel zu Grunde. Das mittlere Feld wird durch ein großes Radfenster und ein reich geschmücktes Portal ausgezeichnet. Bisweilen sind daneben noch zwei Seitengänge angeordnet. Die Portale sind entweder nach italienischer Sitte kleine, auf Säulen ruhende Vorbauten, oder haben nach nordischer Art schräg eingezogene, mit Säulen reich besetzte Wände. Die Säulen sind sehr häufig auf Löwenfiguren gestellt. Auch diese Kirchen behalten die Kuppeln auf der Kreuzung bei. Die wichtigsten unter diesen Bauwerken sind der Dom zu Modena, S. Micchele zu Pavia, S. Ambrogio zu Mailand, S. Zeno in Verona, und endlich der Dom zu Parma, von dem wir unter Fig. 250 die Façade geben.

3. Frankreich.

Der Gegensatz des Nordens und Südens, der in Italien auf die Architektur einwirkte, läßt sich noch bestimmter in Frankreich beobachten. Die südlichen Gegenden, unter dem Einfluß zahlreicher römischer Baureste, hielten sowohl in constructiver wie in decorativer Hinsicht an der antiken Ueberlieferung fest, während die nördlichen den romanischen Styl in selbständigem Geiste ausbildeten, und die mittleren Gebiete manche gemiſchte Eigenthümlichkeiten zeigen. Anknüpfend an die antike Bautradition, tritt der romaniſche Styl des ſüdlichen Frankreich ſchon in der Frühzeit des 11. Jahrhunderts in klar ausgeſprochener Originalität auf, entwickelt ſich ſodann auch in den nördlichen Gegenden ſeit der Mitte jenes Jahrhunderts und wird ſchon gegen das Ende des 12. Jahrhunderts durch ein ganz beſonderes Bauſyſtem, das gothiſche, verdrängt.

Im ſüdlichen Frankreich, beſonders in den Theilen, die an das Mittel-

Fig. 251. Durchſchnitt von Notre Dame du Port zu Clermont.

meer grenzen, entſtand unter dem Einfluß des milden Klimas und der antiken Ueberlieferung ein romaniſcher Styl, der die Antike ſtrenger befolgt als ſelbſt die italieniſche Architektur. Am meiſten bezeichnend iſt für dieſe Bauten, daß ſie faſt niemals die gerade Holzdecke, aber auch eben ſo wenig das Kreuzgewölbe, ſondern meiſtens das Tonnengewölbe haben. Das Mittelſchiff iſt in ganzer Länge durch ein ſolches Gewölbe bedeckt (Fig. 251), jedes Seitenſchiff dagegen durch ein halbirtes, welches als Strebe ſich an die mittlere Wölbung anlehnt. Dadurch wird dem Mittelſchiff die ſelbſtändige Beleuchtung entzogen; es erhält ſein Licht durch die

Fenfter der Seitenfchiffe, der Apfis und der Kreuzarme. Manchmal wird auch das mittlere Tonnengewölbe aus zwei Kreisabfchnitten gebildet, fo daß eine Art von fchwerer Spitzbogenform entfteht. Der Chor hat gewöhnlich neben feiner Haupt=nifche noch mehrere kleinere Nifchen; die Scheidbögen der Schiffe ruhen auf Pfeilern, wie es die ftarken Mauern und Gewölbe verlangten. Die Thürme find niedrig und fchwerfällig, theils neben dem Chor, theils an der Façade angeordnet; bisweilen erhebt fich auf der Kreuzung ein breiter viereckiger Thurm. Das Aeußere ift gleich dem Inneren überaus einfach, kahl, wenig gegliedert; nur an Portalen, überhaupt

Fig. 252. Kapitäl aus S. Madeleine zu Châteaudun.

an Façaden, findet fich ein reicher plaftifcher Schmuck, der in großer Feinheit den antiken Werken nachgebildet ift. Canellirte Säulen und Pilafter mit zierlich ge=arbeiteten korinthifchen Kapitälen, Gebälk mit reichem plaftifchen Fries, Zahn=fchnitte, Eierftäbe und Mäander find mit Verftändniß angewandt. Von der Fein=heit, mit welcher die füd= und mittelfranzöfifchen Baufchulen das antike Ornament nachbilden, geben wir unter Fig. 252 ein Beifpiel nach Viollet-le-Duc (vergl. auch Fig. 242).

Der Mittelpunkt diefes Styls ift im Rhonethale; aber bis über die anftoßen=den Theile der franzöfifchen Schweiz erftreckt fich diefelbe bauliche Richtung. Wir nennen die Kirchen zu S. Gilles und die Kathedrale S. Trophime zu Arles, von den Bauten der Schweiz die Kirche zu Granson am See von Neuchâtel und die Abteikirche zu Payerne.

Eine gewisse Umwandlung erfährt diese Schule in der Auvergne. Auch hier bleibt das Tonnengewölbe und die Pfeilerordnung vorherrschend, und eine Empore erhebt sich als zweites Stockwerk mit eigner Beleuchtung über den Seitenschiffen und zieht sich selbst über die westliche Vorhalle hin. Die Seitenschiffe sind mit Kreuzgewölben bedeckt, die Emporen aber haben die halben Tonnengewölbe

Fig. 253. Choranficht von Notre Dame du Port zu Clermont.

(Fig. 251). Der Chor wird in reicher und eigenthümlicher Weise ausgebildet. Die Seitenschiffe setzen sich nämlich jenseits des Querhauses als Umgang um die auf Säulen ruhende Apsis fort, und an den Umgang lehnen sich kleine kapellenartige Apsiden in radianter Richtung (Fig. 253). Die Ornamentik schließt sich zum Theil der antiken an, hat indeß auch mannichfache eigentlich romanische Elemente. Besonders gebräuchlich aber ist an diesen Bauten die Anwendung eines bunten musivischen Steinschmuckes zu Bogenfüllungen, in Zwickeln, an Portalen und Fenstereinfassungen (vgl. Fig. 253). Am Aeußeren finden sich Pilaster und Halbsäulen, die Gesimse ruhen auf Consolen, der Bogenfries fehlt. Auf der Kuppel der Kreuzung erhebt sich bisweilen ein viereckiger Thurm. Eins der glänzendsten Beispiele ist die Kathedrale zu Clermont, Notre Dame du Port, (vgl. die Figg. 251 und 253), sodann die Kirche S. Sernin zu Toulouse.

Fig. 254. Portal der Abteikirche zu Vezelav. (Nach Viollet-le-Duc).

flachgedeckten Basilika aus, die sich aber hier vielleicht früher als anderswo, jedenfalls aber allgemeiner und ausschließlicher mit dem Kreuzgewölbe verbindet. Schon in der zweiten Hälfte des 11. Jahrhunderts scheint die consequente Anwendung desselben hier stattgefunden zu haben. Ueber den Seitenschiffen erheben sich Emporen, nach Art der südfranzösischen Bauten mit halben Tonnengewölben bedeckt; häufig aber ist statt der Emporen in den Oberwänden des Mittelschiffes nur ein Triforium angebracht, d. h. ein schmaler Gang, der sich mit Bogenstellungen auf Säulchen gegen das Innere der Kirche öffnet. Die frühe Ausbildung des Kreuzgewölbes hatte zeitig die reichere Entwicklung des Pfeilers zur Folge, der mit Ecksäulchen und vorgelegten Halbsäulen versehen wurde. Der Grundplan, dem der sächsischen Kirchen nahe verwandt, bildet ein einfaches Kreuz, dessen westlicher Schenkel jedoch eine beträchtliche Länge hat. Aus dem bisweilen mit Nischen versehenen Kreuzschiff treten in östlicher Richtung nicht bloß der Chor mit seiner Apsis, sondern in der Regel auch Seitenchöre als Verlängerung der Nebenschiffe, hervor. Auf der Kreuzung, die ein weit höher geführtes Gewölbe hat, erhebt sich meistens ein viereckiger Thurm. Zwei schlankere Thürme steigen an der westlichen Façade auf. Die Gliederung der Außenmauern wird durch sehr kräftige Lisenen, die an der Westfaçade sich sogar zu Strebepfeilern ausbilden, bewirkt. Manchmal verbinden sich damit an den Obermauern Arkaden von Blendbögen. Der Rundbogenfries fehlt fast gänzlich und wird durch ein auf phantastisch geformten Consolen ruhendes Gesims ersetzt. Die Thürme haben ein steinernes Helmdach, und auf den Ecken vier kleine Seitenspitzen. Die Säulenkapitäle sind vorwiegend würfelförmig, nicht wie in Deutschland mit mannichfachem Blattornament bedeckt, sondern in der Regel mit einer linearen Verzierung ausgestattet, die, in senkrechten Rinnen abwärts laufend, dem Kapitäl eine gefältelte Oberfläche gibt. Reicher ist die Ornamentik an den Archivolten der Portale, den Bögen des Inneren und den über den Arkaden sich ausbreitenden Wandfeldern. Aber alle diese Verzierungen beschränken sich auf ein Spielen mit geometrischen Linien. Der Zickzack, die Raute, der Stern, der Diamant, das Schachbrett, der gebrochene oder gewundene Stab, das Tau, die Schuppen- und Mäanderverzierung sind, oft in derber plastischer Ausmeißelung, die Elemente, aus welchen diese Decoration sich zusammensetzt. Der Hauptsitz dieses Styls ist die Normandie. Zu den älteren Anlagen zählt man die Abteikirche von Jumièges, S. George zu Bocherville, sodann aber vor allem die beiden im Jahre 1066 von Wilhelm dem Eroberer und dessen Gemahlin gegründeten beiden Abteikirchen zu Caen, S. Etienne und S. Trinité. Die reichste Ausbildung zeigen die unteren Theile der Kathedrale zu Bayeux.

4. England und Skandinavien.

Als die Normannen unter ihrem Herzog Wilhelm in der Schlacht von Hastings (1066) England erobert hatten, fanden sie in dem schon früh zum Christenthum bekehrten Lande eine Cultur von mehreren Jahrhunderten vor. Das Wenige,

was von Bauten aus sächsischer Zeit noch vorhanden ist, läßt schließen, daß die
allgemeine Grundlage der Architektur sich wie in anderen Ländern von Rom ab-
leitete, wobei nur gewisse, durch einen alterthümlichen einheimischen Holzbau be-
dingte Umwandlungen stattfanden. Durch die Normannen wurde aber der Zustand
des Landes in jeder Beziehung von Grund aus umgestaltet. Daß auch der Styl
der Architektur von den normannischen Mönchen mit herüber gebracht wurde, ist
leicht zu vermuthen. Doch drangen durch die einheimischen Werkleute manche sächsische Eigenthümlichkeiten mit ein. Dies läßt sich schon in der Anlage des Grund-

plans erkennen. Die Kirchen bestehen
zwar auch hier aus einem Langhause
mit niedrigen Seitenschiffen, welches
von einem Querhause durchschnitten
wird, jenseits dessen sich die drei
Schiffe als Chor fortsetzen. Aber im
Einzelnen bemerkt man manche Aenderung. Zunächst wird der Chor be-
trächtlich verlängert, so daß er manchmal der Ausdehnung des Langschiffes
nahe kommt; sodann wird häufig die
Apsis ganz fortgelassen, und der Chor
im Osten durch eine gerade Mauer
rechtwinklig geschlossen. Diese Form
wird zwar in der ersten normannischen
Zeit der Regel nach durch die Apsis
verdrängt, bald aber verschwindet diese
wieder und kommt zuletzt nirgends
mehr in Anwendung. Auch dem
Querschiff fehlen die Apsiden, und statt
derselben zieht sich an der Ostseite der
Querarme ein niedriges Seitenschiff
hin. Die Stützen zwischen den drei
Schiffen bestehen vorzüglich aus dicken,
schwerfälligen, mit kleineren Steinen
aufgemauerten Rundpfeilern, die
manchmal kaum zwei bis drei Mal
so hoch sind wie ihr Durchmesser. In
der Regel wechseln sie indeß mit gegliederten Pfeilern. An diesen Pfeilern ist eine
Halbsäule emporgeführt, die noch an der Oberwand sich fortsetzt. Trotz dieser
offenbar auf Gewölbe berechneten Anlage haben die englischen Kirchen nur eine
flache Decke gehabt, und erst in späterer Zeit Gewölbe erhalten. Auch in dieser
Vorliebe für Holzdecken, die reich mit Gold und Farben geschmückt wurden, erkennt

man die Nachwirkung sächsischer Sitte. Die vier die Kreuzung begrenzenden
Pfeiler sind von übermäßiger Dicke, weil auf ihnen ein viereckiger Thurm ruht.
Im Aufbau der Mittelschiffwand fällt die vorwiegende Betonung der Horizontallinie auf (Fig. 256). Dicht über den Arkaden zieht sich ein Gesims hin, welches
um die aufsteigenden Halbsäulen mit einer Verkröpfung fortgeführt wird. Auf ihm
stehen die Säulen, mit welchen die fast niemals fehlende Empore, in deren offene
Dachrüstung man hineinblickt, sich öffnet. Auf diese folgt wieder ein Gesims, auf
welchem sich eine in der Mauerdicke liegende, zur Belebung und Erleichterung der
Mauer dienende Galerie mit Säulchen erhebt, hinter denen die einfacheren rundbogigen Fenster sichtbar sind. Die Ornamentik dieses Styls beschränkt sich, mit
Nachahmung der Bauten in der Normandie, auf lineare Elemente. Der Zickzack,
die Schuppenverzierung, die Raute, der Stern, das zinnenartige Ornament,
werden häufig an Portalen, Bögengliedern und Gesimsen angewandt, ja ganze
Flächen und selbst die Rundpfeiler erscheinen damit bedeckt. Ein Beispiel von
dieser reichen Ausschmückung gibt die Abbildung aus S. Peter zu Northampton
(Fig. 257). Eigenthümlich ist an den Kapitälen der schweren Rundpfeiler eine

Fig. 257. S. Peter. Northampton.

derbe Umgestaltung der Würfelform mit abgeschrägten Ecken (Fig. 258), oder, wie
bei Fig. 256 zu erkennen, ein Kranz von kleinen würfelförmigen Kapitälen, die
unter gesonderten Deckplatten auf den Pfeiler gesetzt werden. Die Basis der
Rundpfeiler besteht meistens aus einer Abschrägung unter einem schmalen Bande.
Die attische Basis, in allen anderen Ländern allgemein vorherrschend, kommt hier
fast gar nicht vor. Das Aeußere zeigt im Wesentlichen dasselbe Vorherrschen der
Horizontalen wie das Innere. Zwar bewirken die Strebepfeiler, die hier die
Stelle der Lisenen vertreten, ein starkes Markiren der vertikalen Richtung, aber
der Zinnenkranz, der die niedrigen Dächer größtentheils verdeckt, betont die

Horizontale. Der Bogenfries kommt nur ausnahmsweise vor, dagegen ist die auf Wandsäulchen ruhende Blendarkade sehr beliebt, besonders mit durchschneidenden Bögen (Fig. 259). Der viereckige Thurm auf der Kreuzung beherrscht mit seiner Masse den ganzen Bau; manchmal kommen zwei Westthürme hinzu. Die Thürme schließen meistens horizontal mit einem Zinnenkranze. Die meisten Kathedralen des Landes bestehen zum Theil, besonders in ihren unteren Partien, aus Resten dieses normannischen Styles. So die Kathedralen zu Gloucester, zu Norwich, zu Durham und zu Peterborough.

Fig. 258. Kapitäl aus dem Weißen Thurm im Tower zu London.

In den skandinavischen Ländern, welche weit später als England und Deutschland zum Christenthum bekehrt wurden, tritt uns ein Steinbau entgegen, der bald an deutsche, bald an englische Vorbilder erinnert. So hat Dänemark in seinem Dom zu Roeskild eine Nachahmung des Braunschweiger und des Ratzeburger Domes; auch der Dom zu Lund schließt sich deutsch-romanischer Bauweise an. So ist in Norwegen der in gothischer Zeit vielfach umgestaltete Dom zu Drontheim in seinen Kreuzarmen ein Nachbild englisch-normannischer Bauten. Charakteristischer erscheint eine Anzahl von Denkmälern eines weit verbreiteten Holzbaues in Norwegen, welche eine Umwandlung der im romanischen Styl anderer Länder üblichen Formen nach Maßgabe des Materials und der volksthümlichen Gewohnheiten zeigen. Die bekanntesten unter diesen sind die Kirchen zu Hitterdal (Fig. 260), Borgund, Tind und Urnes. Sie sind zum Theil nach Art der Blockhäuser aus horizontal aufgeschichteten, an den Enden sich überschneidenden Baumstämmen erbaut. Andere dieser Bauten,

Fig. 259. Von der Kathedrale zu Canterbury.

die man Reiswerkkirchen nennt, sind aus aufrechtstehenden Bohlen zusammengefügt. Die Dächer und Thürme sind mit Brettern oder auch mit Schindeln, Ziegeln oder großen Schieferplatten, die hier bis zu 12 Fuß Länge gebrochen werden,

bekleidet. Einige Kirchen sind ganz und gar mit solchen Platten bedeckt. Die An=
lage dieser Kirchen (vgl. Fig. 260) bildet ihrem Kerne nach ein dem Quadrat sich
näherndes Rechteck, welches auf drei Seiten von niedrigen Umgängen eingeschlossen

wird, während nach |Osten eine
Vorlage für den Chor, gewöhnlich
mit einer Halbkreisnische, sich an=
fügt. Bisweilen treten auch nach
beiden Seiten Anbauten heraus, so
daß der Grundriß Kreuzgestalt ge=
winnt. Schlanke Säulen aus
Baumstämmen, die das Mittel=
schiff von seinen Abseiten trennen,
tragen auf Rundbögen die Ober=
wand. Die Kapitäle der Säulen
bestehen entweder aus einfachen
Ringen oder einer Nachbildung
des Würfelkapitäls, mit phan=
tastischen Schnitzwerken auf den
Seitenflächen. Das Aeußere die=
ser merkwürdigen Kirchen erhält
durch die den ganzen Bau umziehen=
den niedrigen „Laufgänge" eine noch
eigenthümlichere Gestalt. Ueber
ihrem Dache erheben sich mit ihren
kleinen viereckigen Fenstern die
Seitenschiffe, über diesen das Mit=
telschiff, und aus dessen Dache

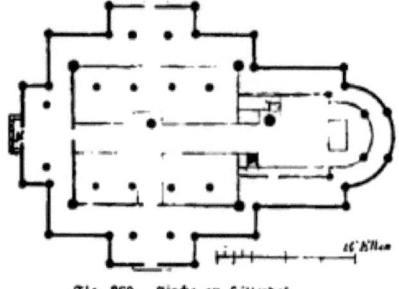

Fig. 260. Kirche zu Hitterdal.

endlich steigt ein viereckiger Thurm mit ziemlich schlanker Spitze auf. Das Aeußere
hat mancherlei Schmuck, auch selbst buntfarbig aufgemalte Ornamente. Die Giebel
sind mit zierlich ausgeschnitzten Brettern bekleidet, an den Portalen und anderen
ausgezeichneten Stellen finden sich Arabesken, bisweilen an Schriftschnörkel in alten
Manuskripten erinnernd.

5. Spanien.

In den spanischen Ländern hat sich eine romanische Bauweise entwickelt,
welche mehrfach von fremden Einflüssen beherrscht erscheint. Zunächst waren es
die Denkmäler des südlichen Frankreich, welche mit ihrem Pfeilerbau und ihren
Tonnengewölben Nachahmung fanden. Eins der großartigsten Werke dieser Art
ist die Kathedrale von S. Jago de Compostella, eine genaue Nachbildung der
Kirche S. Sernin zu Toulouse. In der späteren Zeit bringt der glänzende
maurische Styl in die spanische Bauweise ein und vermischt sich mit den her=

gebrachten romanischen Formen oft zu prächtiger Wirkung. Beliebt sind hier fast
überall die breiten, stattlichen Kuppelthürme auf dem Kreuzschiff, zu denen aber
auch an der Façade oft zwei schlanke Thürme sich gesellen. Der Frühepoche gehören u. A. S. Millan zu Segovia und S. Isidoro zu Leon an; den glänzenden Styl der Spätzeit vertreten die Kathedrale zu Tarragona, die Kathedrale
und die Magdalenenkirche zu Zamora, die Stiftskirche zu Toro.

Fünftes Kapitel.
Der gothische Styl.

a. Das System der gothischen Architektur.

So verschieden der Geist des gothischen Styles von dem der früheren Epoche
war, so hielt er doch ebenfalls an der durch die romanische gewölbte Basilika
gegebenen Grundlage fest. Die alten Elemente wurden nur in einem neuen
Sinne umgewandelt. Die äußeren Mittel, deren man sich dazu bediente, brauchten
keineswegs erst erfunden zu werden; sie waren bereits vorhanden, und es galt
nur, sie in ihrer Bedeutung zu würdigen und zu einem constructiven System zu
vereinigen. Diesen genialen Griff thaten zuerst die nordfranzösischen Baumeister.
Was die Gestaltung des Grundrisses betrifft, so wählten sie jene reiche Form

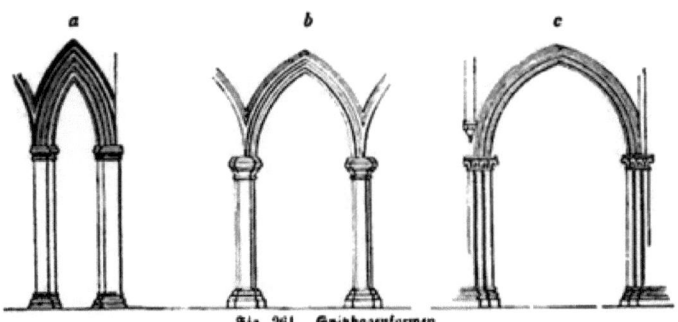

Fig. 261. Spitzbogenformen.

des Chorschlusses mit Umgang und Kapellenkranz, welche schon die romanische
Architektur in Burgund und Südfrankreich kannte. Auch die fünfschiffige Anlage
des Langhauses, die dreischiffige der Querflügel, die man Kathedralen gewöhnlich
gab, schrieb sich von dorther. Nicht minder waren die wichtigsten Bestandtheile der
Construktion bereits früher an manchen Orten in Uebung. Den Strebepfeiler,
den man schon an den mächtigen Wasserbauten der Römer findet, wußte die

romanische Architektur wohl zu verwenden, und selbst der Strebebogen kommt
schon an romanischen Bauten mehrfach vor. Der Spitzbogen endlich, auf den
die Baumeister offenbar durch die Bekanntschaft mit den maurischen und sicilisch-
normannischen Bauten aufmerksam geworden waren, hatte im Uebergangsstyle sich
bereits nicht bloß an Portalen und Fenstern, sondern auch an den Gewölben eingebürgert.

Will man zwei Stützen durch einen Rundbogen mit einander verbinden, so
wird die Mitte ihrer Entfernung auch der Mittelpunkt des zu schlagenden Halb-

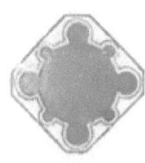

kreises sein. Nimmt man aber einen größeren Radius und be-
schreibt mit demselben von jenen Stützen aus je einen Kreis, so
werden die beiden Linien einander schneiden, ehe jede einen
Viertelkreis gezogen hat, es wird sich ein Bogen bilden, der aus
zwei Kreisabschnitten besteht, das heißt ein Spitzbogen. Während
nun zwischen zwei Stützpunkten nur der eine Rundbogen möglich
ist, kann man eine beliebig große Anzahl von Spitzbögen darüber
schlagen, je nachdem man sie aus einem größeren oder kleineren

Fig. 262.
Gothischer Pfeiler.

Kreise construirt. Liegt der Mittelpunkt desselben innerhalb der beiden Stützen,
so entsteht der gedrückte Spitzbogen (Fig. 261c), den der Uebergangsstyl vorzüglich anwandte. Schlägt man die Kreise mit dem Abstande der beiden Stützen,

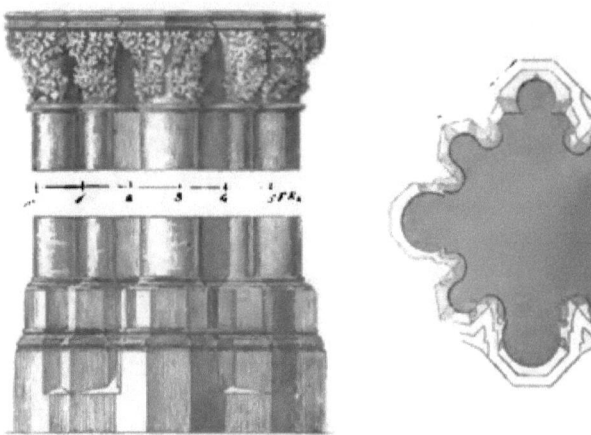
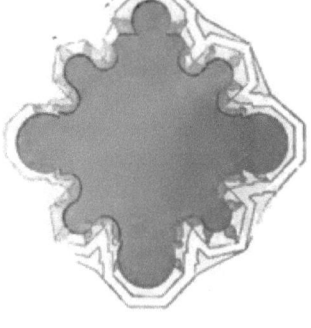

Fig. 263 u. 264. Pfeiler vom Kölner Dom.

so entsteht der gleichseitige Spitzbogen (Fig. 261b), der in der gothischen
Architektur vorherrscht. Rückt endlich der Mittelpunkt außerhalb der Stützen, so
ergibt sich der in England besonders häufige lanzetförmige Bogen (Fig. 261 a).
Der Spitzbogen bietet nicht allein den Vorzug, verschiedene Abstände durch Bögen
von gleicher Höhe zu verbinden, sondern auch in statischer Beziehung gewährt er
bedeutende Vortheile, weil bei ihm der Druck nicht so sehr nach der Seite als viel

mehr senkrecht wirkt. Wendet man nun den Spitzbogen bei der Ueberdeckung der Räume durchgehends an, so kann man einen Bau aufführen, der aus einzelnen

Fig. 265 u. 266. Kapitäle vom Kölner Dom.

kräftig gestalteten Gliedern besteht und immer schlanker und leichter emporwächst.

Fig. 267. Aus der Peter-Pauls-Kapelle zu Wimpfen i. Thal.

Auf dieses Prinzip begründete man den neuen Styl.

Zunächst konnte man die quadratische Eintheilung des Schiffes verlassen; die Pfeiler wurden enger zusammengerückt und sämmtlich gleichartig gebildet. Die Form der Pfeiler weicht völlig von der des gegliederten romanischen Pfeilers ab. Der Kern ist nämlich rund, aus gut bearbeiteten Werkstücken zusammengefügt, verbindet sich aber mit einer Anzahl von Dreiviertelsäulen, welche Dienste genannt werden, weil sie zum Tragen der Gewölbrippen dienen. Ihre geringste Zahl beläuft sich in guter Zeit auf vier, bei reicher entwickelten Bauten jedoch auf acht, davon die vier, welche den Längen- und Querrippen entsprechen, die sogenannten alten Dienste, stärker, die vier für die Kreuzrippen bestimmten jungen Dienste schwächer gebildet sind (vgl. Fig. 262). Manchmal erhielt dieser Bündelpfeiler eine weit größere Anzahl von Diensten, die sich jedoch gewöhnlich nach der Zahl der Gewölbrippen richtete. Bald höhlte man den zwischen den Diensten liegenden Theil des Pfeilers aus, so daß eine tief eingezogene Kehle die einzelnen trennte (Fig. 264). Der ganze Pfeiler hat einen polygonen Sockel, auf welchem sich mit einer Abschrägung die ebenfalls polygonen Sockel der einzelnen

Fig. 269. Aus dem Thurme der Frauenkirche zu Eßlingen.

Dienste, nach oben und unten durch einige Glieder begrenzt, erheben (Fig. 263). Diese kleineren Bindeglieder bestehen in der Regel aus den Elementen der attischen Basis, d. h. einer Hohlkehle zwischen zwei Wulsten. Das Kapitäl (Fig. 265 und 266) besteht aus einer glockenförmigen Erweiterung der Dienste, die auch um den Pfeilerkern sich fortzieht (Fig. 269). Um diese winden sich in der Regel zwei Kränze von Blättern, welche heimischen Pflanzen nachgebildet sind. Am häufigsten findet man die Blätter der Eiche, des Epheus, der Rose, der Distel, der Rebe, immer in treuer Nachahmung der Natur, wenngleich in einer gewissen regelmäßigen

Styliſirung. An der Behandlung dieſes Blattwerkes laſſen ſich die verſchiedenen
Epochen des gothiſchen Styles erkennen. Die Bauten des 13. Jahrhunderts
(Fig. 267) zeigen eine kraftvolle, breite Auffaſſung, die das Weſentliche der Natur-
formen in großartig-einfacher, ſtrenger Weiſe architektoniſch umbildet. Im 14.
Jahrhundert (vgl. Fig. 265 u. 266) gewinnt eine mehr in's Zierliche, Feine gehende
Ausführung die Ueberhand; im 15. Jahrhundert endlich (Fig. 268) geht man auf
ein effektvolles Uebertreiben der Naturformen aus, indem man ſtärkeren Wechſel von
Licht und Schatten durch krauſere Behandlung, durch Aushöhlen, Herausbiegen und
Unterarbeiten der einzelnen Blattpartien hervorbringt. Mit dem Schafte iſt das
Kapitäl durch ein ſchmales, ſcharf gekantetes Glied verbunden, das aber in frühen

Fig. 269. Kathedrale von Rheims. Pfeilerkapitäl.

Bauten (Fig. 269) ein kräftiges Bandprofil,
in ſpäten (Fig. 268) eine ſchwächlich-rund-
liche Form annimmt; die Deckplatte dagegen
beſteht aus mehreren in der Regel ſcharf und
tief eingeſchnittenen Gliedern, die nach oben
oft mit einer abgeſchrägten Platte ſchließen.
Auch hierbei zeichnen ſich die frühen Bauten
(Fig. 267) durch ſchlichte Strenge, die ent-
wickelteren (Fig. 265 u. 266) durch reicheren
Wechſel, die ſpäteren (Fig. 268) durch ſchlaffere,
oft ganz flaue Behandlung aus.

Hier iſt noch der Konſolen zu gedenken,
welche auch im gothiſchen Styl da angewendet
werden, wo man, um Raum zu gewinnen und
Material zu ſparen, die Gewölbſtützen in beträchtlicher Höhe ſich an der Wand verkröpfen
läßt. Dieſe Konſolen erhalten in der Regel
eine den Kapitälen verwandte Bekleidung mit
Laubwerk, das namentlich in frühgothiſcher
Zeit, wie bei Fig. 270, durch freie, breite
Behandlung anzieht. (Ein Vergleich mit der unter Fig. 212 mitgetheilten ſpät-
romaniſchen Konſole wird die verſchiedene Auffaſſung des Laubwerkes veranſchaulichen.) Bisweilen ſind auch Figuren als Träger der Konſolen verwendet, und
nicht ſelten haben die Baumeiſter an ſolcher Stelle mit ſinnigem Humor ihr eignes
Bildniß angebracht.

Die Scheidbögen werden aus einem Wechſel vortretender und tief ein-
gezogener Glieder gebildet, die jedoch feiner, reicher und mannichfaltiger ſind als am
Pfeiler (Fig. 271), und unter denen die vorſpringenden im Durchſchnitt ein birnen-
oder herzförmiges Profil erhalten. In derſelben Weiſe wurden auch die Gewölbrippen gebildet. Aus den vorderen, an der Oberwand hinaufſteigenden
Dienſten ſchwangen ſich in ähnlicher Profilirung die Rippen empor, und zwar nicht

bloß für die Kreuzgräten, ſondern auch für die Querverbindungen. An einer
Reihe von Denkmälern läßt ſich die ſtufenmäßig fortſchreitende Entwicklung dieſer
Formen hier nachweiſen. An der Kathedrale von Nevers (Fig. 272) wirkt in dem
Rippenprofil noch ein Reſt rechtwinkliger und rundlicher Gliederung aus romaniſcher
Zeit nach. Fein und edel entwickelt zeigt die neue Form ſich in der Ste. Chapelle

Fig. 273. Aus der Kirche zu S. Piere.

(Fig. 273), wo bei A der Quergurt, bei B die Kreuzrippe dargeſtellt iſt; in
beſonders conſequenter Weiſe ſodann an der Kathedrale zu Narbonne (Fig. 274),
und ſchließlich gibt S. Severin zu Paris (Fig. 275) ein Beiſpiel von der nüchternen
Verflachung, welche das 15. Jahrhundert in dieſe Formen bringt. Es lag in der
Natur der Sache, daß die Querrippen ſtärker gebildet wurden als die Kreuzrippen
(wie in Fig. 273 bei A die Querrippe, bei B die Kreuzrippe ſich darſtellt), und dieſe
wieder kräftiger als die feinen Rippen, welche der Schildwand als Einfaſſung
dienten. In ſpäterer Zeit, etwa ſeit 1350, ging man ſo weit, ſelbſt den Dienſten
daſſelbe Profil zu geben, und endlich gar das ganze Kapitäl bisweilen gänzlich
zu beſeitigen. Meiſtens aber wurden die Rippen in ihrem Scheitelpunkte durch
einen kräftigen, gewöhnlich mit einer Roſette oder einer ſymboliſchen Darſtellung

geschmückten Schlußstein zusammengefaßt (Fig. 276). Diese Schlußsteine werden
so gearbeitet, daß die Ansätze der Rippen an ihren Seiten hervortreten (Fig. 277).

Vom 14. Jahrhundert an ging man in der Entlastung der Gewölbstützen

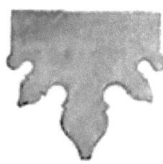

noch weiter, indem man die Gewölbe aus einer größeren Anzahl von Kappen zusammensetzte. Die vermehrten Rippen
bildeten dann mannichfach zierlich verschlungene Muster, so
daß diese Stern- und Netzgewölbe sowohl der Construction
als auch dem ästhetischen Eindruck dienen.

Ueber den Arkaden durchbricht eine in der Dicke der Mauer
angelegte Galerie mit ihren auf Säulen ruhenden Oeffnungen,
dem sogenannten Triforium, die Wandfläche (vergl. den

Gothisches Bogenprofil.

perspektivischen Querschnitt der Kathedrale zu Amiens Fig. 278). Eine weitere
Stufe der Ausbildung des Styls durchbricht nun auch hinter dem Triforium die

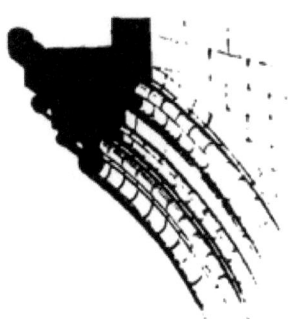

Fig. 272. Kathedrale zu Nevers.

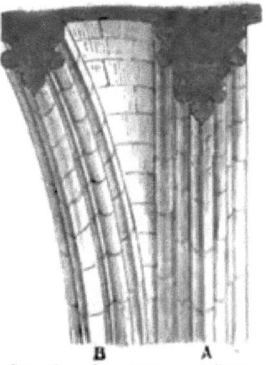

Fig. 273. Ste. Chapelle in Paris.

äußere Wand durch eine Fensteranlage, die meistens mit den oberen Hauptfenstern
in unmittelbaren Zusammenhang tritt. Die Pultdächer der Seitenschiffe müssen

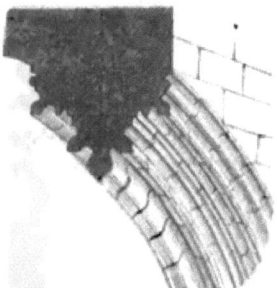

Fig. 274. Kathedrale zu Narbonne.

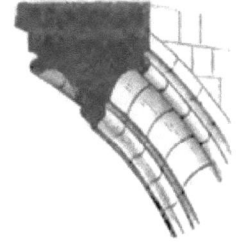

Fig. 275. S. Severin zu Paris.

dann nach innen abgewalmt werden, d. h. bis auf den Fußpunkt des Triforiums nach innen abfallen (vgl. Fig. 291), wodurch hier die Anlage von Dachrinnen nöthig wird. Ueber den Triforien wird die Wandfläche in voller Höhe und Breite durch ein großes Fenster durchbrochen. Die Fenster steigen von einer nach außen und innen sich abschrägenden Fensterbank auf, deren Neigung den Abfluß des Wassers befördert. Die Seitenwände werden durch einen lebendigen Wechsel vorspringender und eingekehlter Glieder nach den für die Bogengestaltung maßgebenden Grundsätzen

gebildet, jedoch so, daß bei früh gothischen Bauten die rechtwinkligen und runden Glieder der romanischen Zeit noch vorwalten, wie bei Fig. 279, während die späteren Werke aus birnförmigen Profilen und tief ausgehöhlten Kehlen, die durch scharf geschnittene Kanten getrennt werden, wie bei Fig. 280 u. 281, zusammengesetzt sind. Diese Gliederung geht, bisweilen wie bei Fig. 278 durch kleine Kapitäle gekrönt, bald aber mit Fortlassung derselben, in den das ganze Fenster umspannenden Spitzbogen über. Bei der beträchtlichen Weite,

Fig. 276. Aus der S. Chapelle zu Paris.

welche man nunmehr aber für die Fenster forderte, mußte eine Theilung durch aufsteigende Zwischenglieder sich mit Nothwendigkeit ergeben. Schon der Uebergangsbau kannte gruppirte Fenster. Man brauchte nur die Mauerstücke zwischen

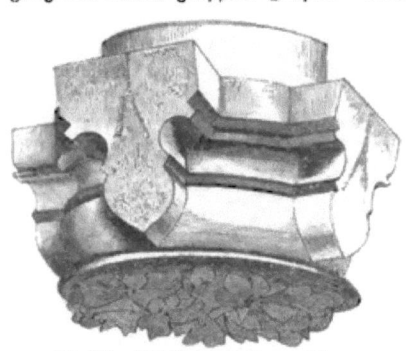

denselben zu entfernen und durch schmale, senkrechte Stützen zu ersetzen, so hatte man die Grundform des mehrgetheilten gothischen Fensters. Bei den frühgothischen Bauten (Fig. 282) sieht man zwei Spitzbogenfenster, durch einen abgeschrägten Mauerpfeiler (vgl. dessen Profil bei A) getrennt, nahe zusammengerückt, beide durch einen größeren gemeinsamen Bogen umfaßt und das obere Wandfeld mit einer den Radfenstern nachgeahmten Oeffnung durch-

Fig. 277. Schlußstein des Kreuzgewölbes.

brochen. Bald aber tritt eine reichere Entfaltung, eine schärfere Gliederung durch schlanke, fein profilirte Stützen ein. Die Zahl dieser Stützen, welche in der Sprache der alten Werkmeister „Pfosten" hießen, richtete sich nach der beabsichtigten

Breite der Lichtöffnung. Bei schmalen Fenstern findet man nur einen Pfosten, bei breiteren steigt die Zahl der Pfosten nach Verhältniß der Weite. Am häufigsten kommt wohl die Viertheilung des Fensters durch drei Pfosten vor (Fig. 283). In solchem Falle gab man der mittleren Stütze eine größere Dicke, so daß auch hier ein

Fig. 278. Kathedrale zu Amiens. Querdurchschnitt.

Unterschied zwischen alten und jungen Pfosten entstand (auf unsrer Abbildung durch A und C bezeichnet). Der Kern dieser Glieder war ein schmaler steinerner Stab Fig. 283), welcher durch viele eiserne Querstangen, die der Fensterverglasung zur Ab=

theilung und Befeſtigung dienten, aufrecht gehalten wurde. Doch wurde ein Säulchen davorgeſetzt, welches mit ſeinem achteckigen Sockel auf der Fenſterbank fußte und mit ſeinem Kapitäl den Beginn des Bogens andeutete. Bei der Umrahmung des Fenſters wird zu dem Profil der alten Pfoſten noch eine Verſtärkung (B in unſrer Figur) hinzugefügt. Bald ließ man auch Sockel und Kapitäl der Pfoſten fort, ſo daß die Bewegung ungehemmt bis zum Bogenſchluß ſich fortſetzte (vgl. Fig. 284 u. 285), wie denn auch die runde Form verlaſſen und mit einer ſcharf abgeplatteten, elaſtiſch eingekehlten vertauſcht wurde. Der Fenſterſchluß wurde wieder, ganz im Geiſte der gothiſchen Kunſt, durch Gruppirung von Einzelgliedern bewerkſtelligt. Zunächſt verband man die Pfoſten unter einander und mit den Seitenwänden

Fig. 279. Nikolaikapelle zu Ober-Marsberg. Fenſtergrundriß.

durch kleine Spitzbögen (vgl. Fig. 283). Je zwei derſelben wurden ſodann zu einer Gruppe geſchloſſen durch einen von dem mittleren Pfoſten zu der Seitenwand hinübergeſpannten größeren Bogen. So ergaben ſich in unterſter Reihe vier, in mittlerer zwei Bögen, die zuſammen wieder von dem Hauptſchlußbogen des Fenſters umfaßt wurden. In die weiten Oeffnungen ſetzte man kleine aus drei, vier oder mehreren Bogentheilen beſtehende Figuren, die ſogenannten Päſſe,

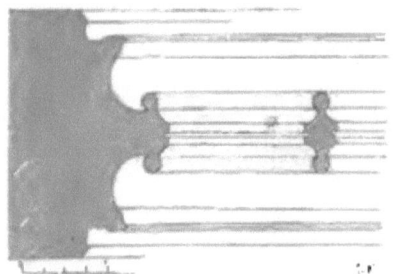

Fig. 280. Wieſenkirche zu Soeſt. Nördl. Seitenchor.

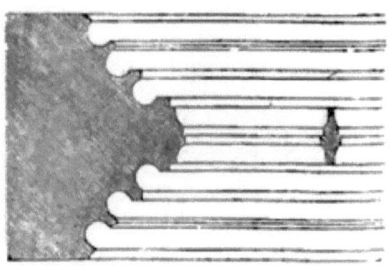

Fig. 281. Wieſenkirche zu Soeſt. Südl. Seitenchor.

Drei-, Vier-, Fünfpäſſe u. ſ. w. Meiſtens ſpannte man ſie, wie bei Fig. 283, in einen Kreis, ſpäter auch wohl, wie bei Fig. 284, in eine andere mathematiſche Figur hinein, deren Seiten aus kleinen Kreisſegmenten beſtanden. Die vorſpringenden Spitzen dieſer Päſſe (vgl. Fig. 286) nannten die alten Werkmeiſter mit bezeichnendem Ausdruck „Naſen”.

Dies Maßwerk, wie man die ganze Fenſterkrönung im Gegenſatz zum Stabwerke, den aufſteigenden Pfoſten, nennt, bildet eins der wichtigſten Elemente der gothischen Architektur, welches von den alten Meistern mit Vorliebe ausgebildet und an vielen anderen Theilen des Bauwerks verwendet wurde. Im Inneren findet man es besonders noch an den Triforiengalerien, deren Bögen oft mit Drei= und Vierpässen und anderen noch reicheren Figuren geschmückt wurden. Die frühgothische Zeit bildete Pfosten und Pässe aus rundlichen Gliedern (Fig. 279 u. 283), erst

das 14. Jahrhundert gab ihnen eine scharf eingezogene Form, die sich nach Außen zuspitzt und mit einem Plättchen geschlossen wird (Fig. 280 u. 281). In der späteren Epoche, von der letzten Hälfte des 14. Jahrhunderts an, drang auch in das Maßwerk ein unruhiges Streben nach spielend decorativen, bunt verschlungenen Formen. Unter diesen ist eine der am weitesten verbreiteten die sogenannte Fischblase, ein flammenförmiger, rundlich ge= schwungener Paß, der bereits die Gesetze geometrischer Bildung aufgelöst zeigt. Fig. 285 gibt ein Beispiel von einem mit solchen Fischblasen verzierten Fenster, welches sich durch Reichthum und harmonische Zusammensetzung auszeichnet.

Die Fenster waren ganz aus farbigen Glasstücken zusammen= gefügt, welche theils zu bunten Mustern, theils zu figürlichen Darstellungen sich verbanden. Diese Glasgemälde, die auch der romanische Styl schon kannte,

Fig. 252. Von S. Yved in Braine.

stellen große Teppiche dar, die dem kalten, scharfen Tageslichte den Eingang wehrten und das ganze Innere mit einem farbigen Lichte übergossen. Kleine, mit starkem Blei eingefaßte Scheiben bildeten mosaikartig die Zeichnung. Werden fast die ganzen Umfassungsmauern in luftig durchbrochene Fenster aufgelöst, so geht nun das Streben dahin, auch die übrigen Theile des Innenbaues möglichst reich zu gliedern. Das geschieht besonders durch die Blendgalerieen, spitzbogige Wandarkaden auf an= gelehnten Halb= oder Dreiviertelsäulen, welche sich namentlich unter den Fenstern

der Seitenschiffe hinziehen.   Wie Fig. 287 zeigt, ruhen dieselben in der Regel auf
einer erhöhten Stufe, die wie eine steinerne Bank umhergeführt wird.   Ueber dem
diese Anordnung oberwärts abschließenden Gesimse beginnt sogleich die abgeschrägte

Fig. 283. Von der Ste. Chapelle zu Paris.

untere Fensterleibung. In anderen Fällen sucht man auch unmittelbar vor den Fenstern die Umfassungsmauer zu erleichtern, indem man sie auf Säulen stellt, hinter welchen dann wie bei Fig. 288 sich ein Laufgang bildet, welcher selbst durch die Pfeiler hindurch geführt wird. Alles dies verleiht dem Bau das Gepräge höchster Leichtigkeit und Freiheit.

Wir haben nun die Grundrißbildung weiter zu verfolgen (Fig. 289). Eine der entscheidendsten Neuerungen war die Umgestaltung der Altarnische. Die

Fig. 284. Wiesenkirche zu Soest. (c. 1350.)   Fig. 285. Lambertikirche zu Münster. (14. Jahrh.)

Gothik beseitigte die schon in der letzten romanischen Epoche in Abnahme gekommene Krypta vollends, ließ den Chor sich blos mit einigen, etwa drei Stufen, über das Langhaus erheben, und schloß ihn wie früher durch einen Lettner (eine steinerne Brüstung) von letzterem ab. Ferner erhielt die Nische einen polygonen Abschluß, der zu ganzer Höhe mit den übrigen Haupttheilen aufstieg und von einem mehrtheiligen Rippengewölbe überdeckt wurde. Dieser Chorschluß ist mit seltenen Ausnahmen durch ungerade Seitenzahl gebildet, entweder aus dem Achteck, dem

Fig. 286. Nase.

Zwölfeck, auch wohl aus dem Zehneck genommen. Um aber diesen Haupttheil reicher auszubilden, führte man die jenseits des Querhauses verlängerten Seitenschiffe als Umgang um denselben herum und trennte diesen von dem Mittelraume durch steinerne Schranken. Noch reicher indeß gestaltete sich bei den großen Kathedralen die Choranlage durch eine Reihe niedriger Kapellen, welche wie ein Kranz die Chorumgänge umziehen (vgl. Fig. 289). Wir fanden eine ähnliche Anordnung schon in romanischen Bauten des mittleren Frankreich, nur verfuhr auch hierin der gothische Styl umgestaltend, indem er aus den halbrunden Nischen polygone Kapellen machte. Mit dieser reichen Choranlage hielt nun alsbald die Entwicklung der übrigen Theile des Baues gleichen Schritt. Die Zahl der Seitenschiffe des Langhauses wurde verdoppelt, das Mittelschiff also auf beiden Seiten

lichen Halt zu geben, auf dem die beiden Seitenschiffe trennenden Pfeiler ebenfalls einen freien Strebepfeiler auf, und schlug von ihm nach der Mittelschiffwand und nach dem äußeren Strebepfeiler je einen Bogen. Um aber dem mittleren Pfeiler noch kräftigeren Halt und durch größere Belastung vermehrte Festigkeit zu geben,

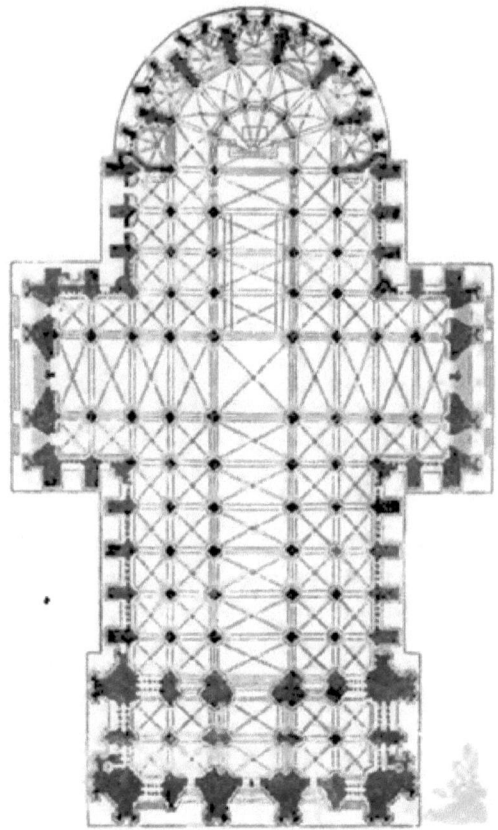

Fig. 290. Dom zu Köln. Grundriß.

führte man die zwei Strebebögen über einander auf, so daß auf jeden äußeren Strebepfeiler vier Strebebögen wirkten.

Bei der Ausbildung der Strebepfeiler kommen zunächst die Gesimse in Betracht, welche in gewissen Abständen den Strebepfeiler umziehen oder nur an seiner Vorderseite sich zeigen. Sie bestehen gleich allen Gesimsen des gothischen Styls nur aus einer Abschrägung, welche vorn rechtwinklig abgeschnitten, innerhalb mit einer tiefen Kehle ausgehöhlt wird, und dann mit einem feinen Rundstabe sich der Mauer anschließt (Fig. 292). Ihre Kehle wird bisweilen mit Laubschmuck ausgefüllt, in reffen Behandlung oft das feinfte Naturgefühl fich mit den Gefetzen architektonifcher

Fig. 291. Theil vom Querfchnitt
des Kölner Doms.

Fig. 290. Dom zu Halberftadt. Querdurchfchnitt.

Stylifirung bewundernswürdig in Einflang fetzt (vgl. Fig. 293 und 294 nach
Biollet le Duc). Den Strebepfeiler felbft bildete man nun
reicher aus. Da der über dem Dache emporragende Theil
lediglich als Belaftung der unteren Maffe erforderlich war,
fo fchnitt man den vorderen Theil des Strebepfeilers ab und
fetzte auf feinen Kern (bei B in Fig. 295) einen fäulen=
getragenen Baldachin mit hohem Spitzhelm, unter welchem
eine Statue Platz fand. Bald aber ließ man eine übereck geftellte Pyramide, von

Fig. 292.
Gothifches Gefimsprofil.

Fig. 293*). Gothifches Weinlaub.

*) Wir entlehnen die Figg. 293—305 dem muftergültigen Dictionnaire de l'architecture Françaife von
Biollet=le=Duc, der reichften Fundgrube für das Studium der mittelalterlichen Baukunft.

6*

den alten Werkmeistern **Fiale** genannt, aus dem Pfeiler hervorwachsen, die man oft mit kleineren Nebenfialen umgab oder zu der man in mehreren Abstufungen selbständige Fialen hinzufügte (vgl. Fig. 290 u. 291, auch Fig. 296). Die Fiale bildete man aus zwei Theilen: aus dem schlanken Spitzdache, dem **Riesen** (von

dem alten Worte reisen, sich erheben, aufsteigen, engl. to rise), und dem unteren Theile, dem **Leibe**. Letzteren pflegte man durch blind auf= gemeißeltes Stab= und Maßwerk zu verzieren; ersteren durch kleine Steinblumen, **Krabben**, auch **Knollen** genannt, die auf den Ecken gleichsam emporkriechen. Diese Krabben sind in frühgothischer Zeit meist einfach, einem kräftigen Blatte ähnlich, dessen Spitze sich umgebogen und zusammengerollt hat (Fig. 297); seit dem 14. Jahrhundert entfalten sie sich üppiger, krauser, dem übrigen Blattwerk entsprechend (Fig. 298). Die Spitze der Fiale krönt endlich eine kreuzförmig ausladende **Blume** (bei D in Fig. 295), deren Gestalt in den frühgothischen Denkmalen einfach und energisch gezeichnet ist wie bei Fig. 299, mit dem Beginn des 14. Jahr= hunderts aber zierlichere, feinere Gliederung und lebhafter bewegten Umriß gewinnt wie bei Fig. 300. Jene Krabben liebte man überall auf schräg ansteigenden Linien am Aeußeren, so namentlich auf den Rücken der Strebebögen (vgl. Fig. 290, 291, 295), anzubringen. Aber auch in den Hohlkehlen der Gesimse kommen Reihen solcher Krabben vor wie bei Fig. 301 u. 302. — An einfacheren Bauten gibt man dem Strebepfeiler wohl blos eine schräge Be= dachung oder ein schlankes Giebeldach.

Um der durch die Strebepfeiler so scharf betonten Vertikalrichtung nun ein genügendes Gegengewicht zu bieten, erhalten die gothischen Gebäude ein kräftig entwickeltes **Kranzgesims**,

Fig. 294. Gothisches Abornlaub.

dessen horizontale Linien durch eine das Ganze krönende Balustrade noch verstärkt werden. In Fig. 303 besteht das Gesimse aus zwei Steinlagen, jede nach außen zu einer Hohlkehle ausgearbeitet, von denen die untere, flachere mit Blattschmuck bedeckt ist, während die obere, tief ausgekehlte durch die schräg überhängende Deck= platte eine starke Schattenwirkung erhält. Hinter dieser hohen Platte liegt, wie

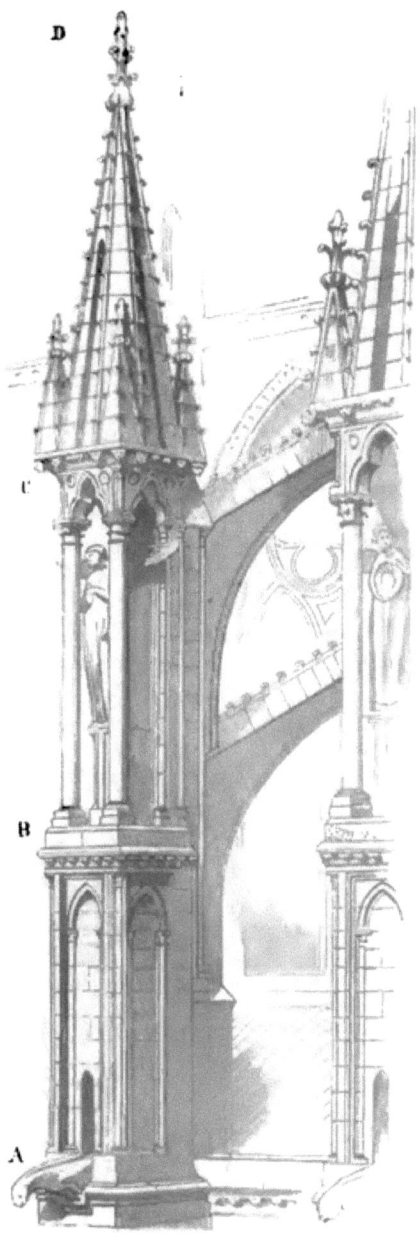

der Durchschnitt zeigt, die Traufrinne, aus welcher durch regelmäßig wiederkehrende

Oeffnungen das Wasser abfließt, und zwar so, daß es durch die schräg abgeschnittene Platte vom Gebäude abgeleitet wird. Eine Balustrade mit Vierpässen durchbrochen, an den Ecken mit Krabben besetzt und mit phantastischen Thieren bekrönt, giebt dem oberen Abschluß erhöhte Festigkeit und reichere Wirkung. Wie reich diese Balustraden, in Verbindung mit den Fialen der Strebepfeiler und den Bedachungen der Fenster, solche Bauten abschließen, davon geben wir unter Fig. 304 von der S. Chapelle zu Paris ein Beispiel. Hinter den Balustraden bietet sich ein Umgang,

Fig. 296. Strebesystem vom Chor der Kathedrale zu Amiens.

welcher rings um die Gebäude umherführt. Aehnliche Umgänge sind, wie Fig. 296

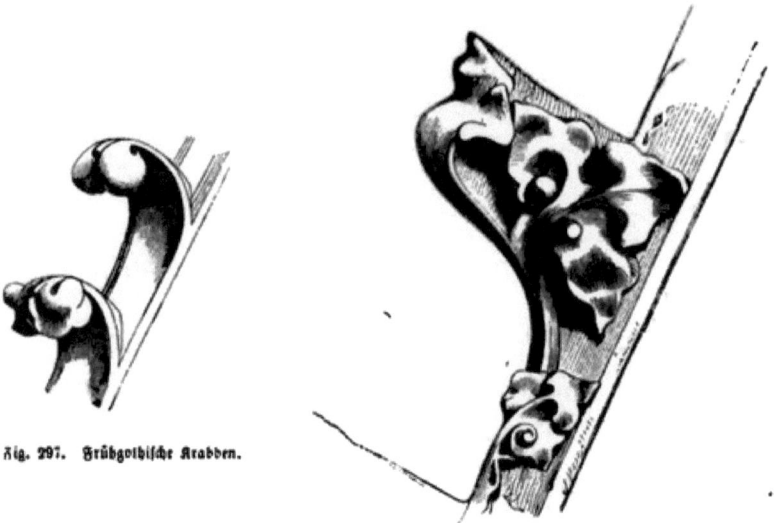

Fig. 297. Frühgothische Krabben.

Fig. 298. Krabbe des 14. Jahrhunderts.

zeigt, auch am Aeußeren des Mittelschiffs mit Durchbrechung der Strebepfeiler herumgeführt.

Große Bedeutung gewinnen nun die Giebel des Kreuzschiffes, deren Strebe-

Fig. 299. Von Notre Dame zu Paris.   Fig. 300. Von S. Urbain zu Troyes.

pfeiler sich bisweilen zu kleinen Thürmen ausbilden und die in der Regel ein Portal erhielten, und dadurch bedeutsam hervortraten. Dagegen fiel eine centrale Thurm-

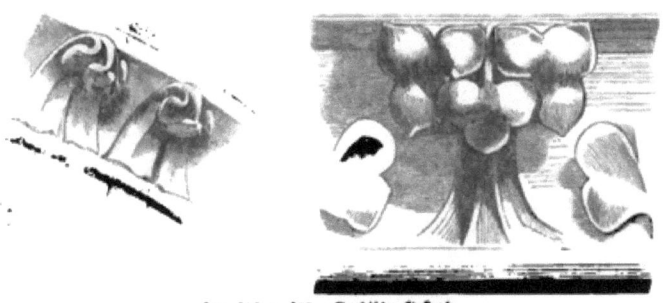

Fig. 301 u. 302. Gothische Gesimse.

anlage nunmehr meistens fort, und nur in gewissen Gegenden, namentlich in England, hielt man an einem Thurme auf der Durchschneidung von Langhaus und Querschiff fest. In der Regel gab man diesem Punkte nur einen untergeordneten kleinen Dachreiter. Dagegen wies man fortan den Thurmbau fast ausschließlich

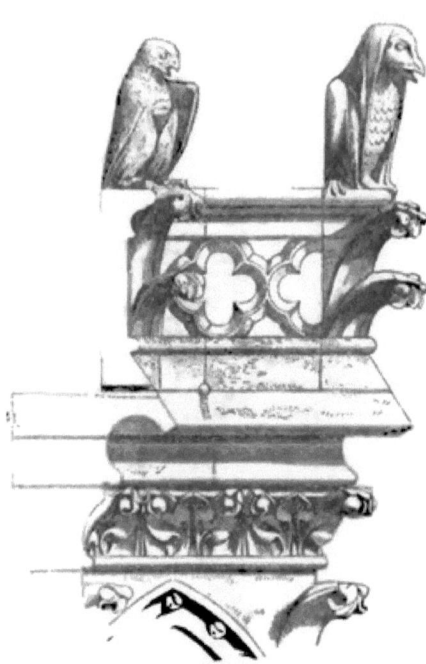

der Façade zu. Die schönste Form ergab sich hier, wenn man nach dem Vorgange der bedeutenderen romanischen Kirchen zwei Thürme, den Seitenschiffen entsprechend, aufführte. Auch hier blieb man dem Grundgesetz des gothischen Styles treu, indem man die Thürme aus Strebepfeilern und schwächeren Füllmauern aufwachsen ließ. Dadurch ergaben sich von selbst drei Stellen für Eingänge, die man an den großartigsten Kathedralen auch wirklich durch drei Portale ausfüllte. Manchmal freilich ist nur ein mittleres angeordnet. Man ging nun von der romanischen Portalbildung aus, indem man die Wandung nach innen in schräger Richtung sich verengen ließ. Allein diese Abschrägung wurde hier aus feinen vorspringenden Stäben, welche bald die birnenförmige Schwingung

Fig. 303. Von Notre Dame zu Paris.

der Gewölbrippen annahmen, zwischen tiefen Hohlkehlen gebildet. In die Hohlkehlen stellte man auf kurzen Säulchen Statuen von Heiligen, überdeckt von reichen Baldachinen. Wegen ihrer großen Breite theilte man die Hauptportale durch einen mittleren Pfosten, vor welchem man die Statue eines Heiligen anzubringen liebte. In den Archivolten werden die Hohlkehlen ganz mit kleinen Statuen oder Gruppen gefüllt, welche auf Consolen stehen, die für das unterhalb folgende Bildwerk als Baldachin sich gestalten. Das flache Bogenfeld über dem Thürsturze wird sodann mit Reliefs ausgefüllt, die aber meistens in so kleinem Maßstabe angelegt werden, daß durch mehrere horizontale Glieder die Fläche eingetheilt ist.

Da das Portal mit seiner Gliederung kräftig aus der Mauerfläche vorsprang, so gab man ihm als oberen Abschluß einen Spitzgiebel, den die alten Werkmeister „Wimperge", d. h. Wind-Berge, Schutz vor dem Winde, nannten. Man faßte ihn auf beiden Seiten mit Fialen ein, bedeckte seine Fläche mit blindem Maßwerk und schmückte ihn auf den Kanten mit Krabben und einer Kreuzblume. Das

13. Jahrhundert bildet diese originellen Bauglieder noch in ruhiger Masse, mit wenig Durchbrechung, wie Fig. 305 von der Notre Dame zu Paris zeigt; im 14. Jahrhundert gewinnen dieselben, wie an der Kathedrale von Rouen, Fig. 306, reichere Ornamentik durch Maßwerk und luftigere Durchbrechung. Mit den Strebe= pfeilern vertreten sie die vertikale Tendenz des Styles, weshalb sie denn auch die

Fig. 304. Baluſtrade der Ste. Chapelle zu Paris.

Geſimſe und Baluſtraden, die Vertreter der Horizontalen, keck durchbrechen. Dieſe Wimperge liebte man überall da anzuwenden, wo eine Bogenform ſelbſtändig aus der Mauermaſſe vortrat, also namentlich auch an Fenſtern (Fig. 307, vgl. auch 304), auch wohl an den Chorkapellen, um deren Dächer zu verdecken. Auch die Seiten= anſicht der Kathedralen, die über dem Dachgeſims in der Regel eine Galerie freien Maßwerks haben, wird oft durch die über den Fenſtern aufſteigenden Wimperge charakteriſtiſch belebt.

eckigen Helm abschließt. Die höchste Consequenz des Prinzips war es nun, wenn man den Thurmhelm als ganz durchbrochenes Gehäuse aufführte. Man ließ daher acht Rippen auf den Ecken aufsteigen, die man mit Krabben reich besetzte. Zwischen sie spannte man ein Netz von horizontalen Stäben, dessen Oeffnungen mit freiem, filigranartig durchbrochenem Maßwerk, mit Rosetten und Pässen verschiedener Art ausgefüllt wurden. Auf der Spitze erhob sich eine Kreuzblume. Dieser Wunderbau durchbrochener Thurmhelme ist freilich nur in Deutschland zur höchsten Blüthe gekommen, in den anderen Ländern findet er sich sehr selten.

Fig. 307. Wimperge vom Kölner Dom.

Wir haben in unserer bisherigen Darstellung stets die glänzendsten Denkmäler des gothischen Styls im Auge gehabt, weil sich an ihnen allein der Geist jener Architektur voll und erschöpfend ausspricht. Es bleibt noch übrig, die Ornamentation des Aeußeren mit einigen Worten zu bezeichnen. Wie dieser Styl die Masse des Bauwerks in ein System von Einzelgliedern auflöst, die nach oben in seine durchbrochene Spitzen sich verjüngen, so ist nun auch der ganze bauliche Körper mit einem Netze zierlichen Maßwerks bedeckt. Doch wird auch dabei in guter Zeit das Gesetz beobachtet, daß die unteren Theile einfach, massenhaft behandelt, die oberen immer reicher und leichter sich entwickeln müssen. Vegetabilischer Schmuck wird nur in untergeordneter Weise an den Kapitälen der Portale und Fenster-

pfosten und in den Hohlkehlen der Fensterumrahmung und der Gesimse angewendet. Auch hier besteht das Laubwerk nicht aus einer innerlich verschlungenen Arabeske, sondern erscheint nur lose in Reihen angeheftet (vgl. Fig. 301—304). Thierfiguren kommen nur selten, besonders in den barock-phantastischen Wasserspeiern vor. Die menschliche Gestalt endlich findet Anwendung an den Portalen und, bei gewissen französischen Bauten, in offenen Säulengalerien an den Façaden (Fig. 311), auch wohl unter den Baldachinen der Strebepfeiler (vgl. Fig. 295.)

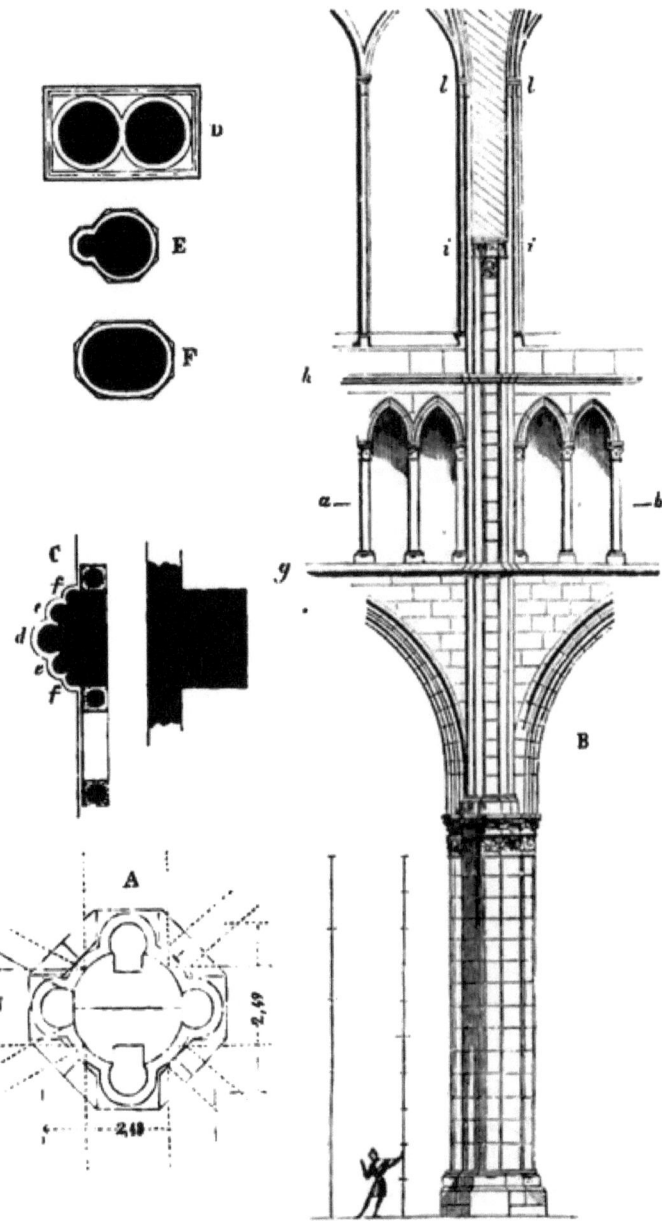

Fig. 308. Schiffspfeiler der Kathedrale von Reims.

Unſere Schilderung des gothiſchen Styls hatte vorzüglich die großen, reich
entwickelten Kathedralen im Auge, an welchen ſich die Architektur zumeiſt ausbildete.
Daß die Gothik aber auch für kleinere Werke aller Art gerecht war, braucht kaum
bemerkt zu werden. Vor Allem brachte es die mit dem Wohlſtande geſteigerte Bau-
luſt zu einer ungemein reichen, ja prachtvollen Ausbildung aller jener für profane
Zwecke, ſei es der Allgemeinheit, ſei es dem Einzelnen dienenden Werke. Kauf-
häuſer, Gildenhallen, Rathhäuſer, Brunnen, ja ſelbſt die Befeſtigungs-

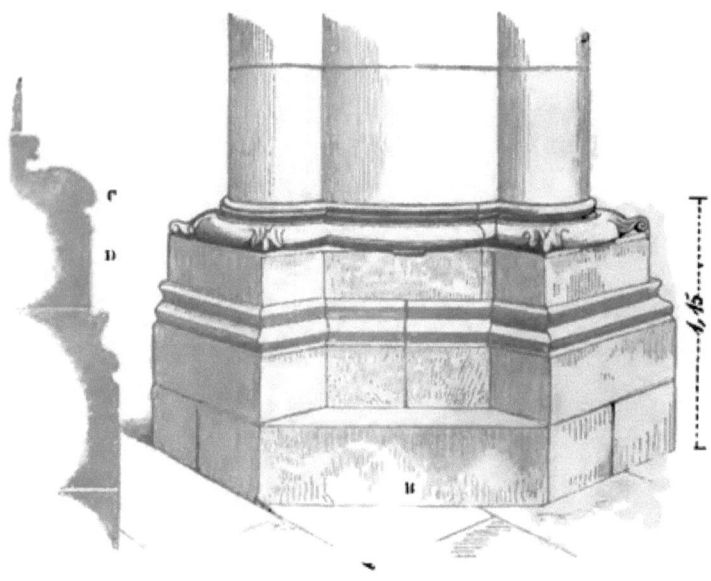

Fig. 308. Pfeilerfuß aus der Kathedrale zu Reims.

mauern mit ihren Thoren und Thürmen, zeugten von dem Selbſtgefühl und der
Kunſtliebe der Bürger. Obwohl bei dieſen Bauten durch Material, Landesſitte,
örtliche Verhältniſſe große Verſchiedenheiten herbeigeführt wurden, ſo treten die
Grundzüge des gothiſchen Styls auch an ihnen deutlich hervor. Die Portale zeigen
ſich meiſtens ſpitzbogig gewölbt, die Fenſter zum Theil eben ſo nach Vorgang der
Kirchenfenſter, oft aber auch mit geradem Steinbalken. Dagegen pflegt an ihnen
eine Theilung durch aufſteigende Steinpfoſten, die dann wieder durch einen waagrechten Stab gekreuzt werden, durchgeführt zu ſein. Immer iſt aber die Profilirung
der Portale und Fenſterwände mit den tief eingezogenen Kehlen und ſcharf vorſpringenden Gliedern bezeichnend. Auch die Geſimſe, welche die Stockwerke abtheilen,

folgen der an kirchlichen Gebäuden bereits erwähnten Form. Wichtig ist besonders die Dachbildung. Weniger durch die Bedürfnisse, als vielmehr durch ein bestimmtes Stylgefühl, ist die ungemein steile Ansteigung des Daches bedingt. Meistens bietet es nach der Straße seinen Giebel zur Schau, der dann oft in lebendiger Weise ausgebildet wird. Man läßt vom Hauptgesims lisenenartige Wandstreifen emporsteigen. Durch diese wird der Giebel in einzelne senkrechte Felder getheilt. Jedes

Fig. 310. Pfeilerkapitäl aus der Kathedrale zu Amiens.

Feld wird mit einem verzierten Giebelchen oder auch mit einem waagrechten Gesims geschlossen. Die Lisenen erhalten dagegen häufig eine mannichfach entwickelte Fialenbekrönung. Sodann werden die hohen, schmalen Wandfelder durch mehrere Reihen von fensterartigen Oeffnungen belebt. Solch stattlicher Giebelbau ist indeß sehr häufig nur ein decoratives Architekturstück, dessen Höhe die wirkliche Dachhöhe weit überragt. Die Langseiten der größeren Gebäude, wenn sie nach der Straße hin ebenfalls sichtbar wurden, bekrönte man in der Regel mit einem oder mehreren giebelartigen Aufsätzen, hinter welchen man die Seitenflächen des hohen Daches verbarg. Im Uebrigen verfuhr man ziemlich frei in der Gestaltung des Aufbaues je nach den Erforderniſſen und örtlichen Bedingungen, ohne eine ſtrenge Symmetrie als unerläßlich anzuerkennen. Vielmehr liegt gerade in einer gewiſſen Regelloſigkeit ein hoher maleriſcher Reiz dieſer Gebäude. Die Rathhäuſer ſchmückte man gern . mit einem Thurme, der entweder in ſchlanker Spitze aufſteigend, oder mit einem

Fig. 311. Galerie der Kathedrale von Amiens.

Zinnenkranze ſchließend, die Bedeutung des Gebäudes kräftig ausſprach.

　　Manches Gemeinſame in Anordnung und Ausführung erhielten die bürger‐ lichen Wohngebäude. In der Regel legte man ſie auf ſchmalem aber tiefem Grundplane in dichtgedrängten Reihen an. Häufig haben ſie in der Front eine Breite von nur drei Fenſtern. Dieſe rückte man dicht zuſammen, bildete ſie hoch und breit, ſchied ſie durch ſchmale Mauerpfeiler und theilte die einzelnen durch Steinpfoſten, so daß nur auf den beiden Ecken eine größere Mauerfläche sich bot. Erker, die oft als Eckthürme vorspringen, bisweilen auch, in der Mitte, sich als Chörlein der Hauskapelle ankündigen, dienten häufig als besonderer Schmuck der Façade. Auch liebte man Figuren auf Consolen und unter zierlichen Baldachinen anzubringen. Den Giebel ordnete man in der bereits beschriebenen Weise an. Manchmal aber gab man dem Gebäude ein hohes Walmdach, dessen pyramidalisch zurückweichende Spitze man durch einen kräftigen Fries und Zinnenkranz zum Theil verdeckte. Oft ruht der vordere Theil des Hauses auf kräftigen Pfeilern und Bögen, so daß eine Art von überwölbter oder flachgedeckter Vorhalle sich vor dem Hause hinzieht. Diese

Fig. 312. Aus S. Martin des Champs zu Paris. Refectorium.

setzt sich dann gewöhnlich unter den Nachbarhäusern fort, so daß ein ununterbrochener Bogengang, die sogenannten „Lauben", zum Vortheil des gewerblichen Verkehrs und Kleinhandels sich an den Straßen hinzieht.

b. Die äußere Verbreitung des gothischen Styles.

Bei der Aufzählung der einzelnen Denkmäler in den verschiedenen Ländern werden wir unter den wichtigeren nur die hervorragendsten nennen, da die auf's Höchste gesteigerte Produktion jener Epoche uns zu solcher Beschränkung zwingt. Sodann ist im Voraus noch darauf hinzuweisen, daß die meisten größeren gothischen Kirchen aus Bestandtheilen der mannichfachsten Bauepochen zusammengesetzt sind, da man nicht allein romanische Reste oft beibehielt, sondern auch bei den kolossal

angelegten Kathedralen oft Jahrhunderte lang zu bauen hatte, so daß sich die ver=
schiedenen Wandlungen des Styles manchmal an demselben Bauwerke nachweisen lassen.

1. In Frankreich und den Niederlanden.

Daß der gothische Styl im nördlichen Frankreich, ja genauer gesagt in der
Schule von Paris, zuerst entstanden ist und von dort sich nach allen Seiten
weiter verbreitet hat, wurde bereits bemerkt. Man unterscheidet nun in Frankreich
wie in den übrigen Ländern drei Hauptepochen des gothischen Styles, die man als
primäre, sekundäre und tertiäre bezeichnet hat. Die erste würde das dreizehnte,
die zweite das vierzehnte, die dritte das fünfzehnte und den Anfang des sechzehnten

Jahrhunderts ungefähr umfassen. Bezeich=
nender sind jedoch für die drei Perioden die
Ausdrücke: strenger, freier und aus=
artender (oder Flamboyant=) Styl.

Für die Charakteristik der gothischen
Architektur in Frankreich ist festzuhalten,
daß hier der Styl nicht wie in anderen
Ländern sofort in fertiger Form auftritt,
sondern daß Frankreich es war, welches
den neuen Styl zu gestalten und allmählich
auszuprägen hatte. Daher ist unter allen
gothischen Werken der Welt die Betrachtung
der nordfranzösischen Denkmale von höch=
stem Interesse, weil man hier schrittweise
verfolgen kann, wie die neue Bauweise
zuerst noch eine Menge Formgedanken des
romanischen Styles beibehält und all=
mählich sich von denselben befreit. Die
constructiven Grundzüge des Systems
wurden zuerst von den nordfranzösischen
Baumeistern so ausschließlich festgehalten,

Fig. 313. Aus S. Nazaire zu Carcassonne.

daß die Detailbildung oft noch ganz romanisch ist, während die Construction bereits
das neue Gesetz kund gibt. Ja in den ersten gothischen Bauten ist selbst der halb=
kreisförmige Chorschluß mit seinem Umgang und radianten Halbkreisnischen, ganz
wie ihn die romanische Epoche in Frankreich ausgebildet hatte, völlig beibehalten.
So zeigt es sich in dem frühesten, entschieden gothisch ausgeführten Bauwerke
Frankreich's, dem vom Abt Suger gleich nach 1140 erbauten Chor der berühmten
Abteikirche S. Denis bei Paris. Ungefähr aus derselben Epoche folgt eine Gruppe
von Kirchen, welche in derselben Anlage des Grundplans, in der gleichen Aus=
bildung der Construction mit jener ersten zusammenhängen. Dahin gehören die
Kathedrale von Noyon, die Kirche Notre Dame in Châlons und S. Remy

zu Reims. Eine zweite Gruppe bilden mehrere bedeutende Kathedralen, an denen

ebenfalls romanische Motive noch überwiegen, namentlich in der Beibehaltung der großen quadratischen, sechstheiligen Gewölbjoche, und der vollständigen Emporen über den Seitenschiffen. So zunächst die Kathedrale von Laon, deren Chor gegen 1173 im Wesentlichen als vollendet erscheint, sodann ungefähr gleichzeitig die Kathedrale Notre Dame von Paris, 1163 begonnen und nach 1257 vollendet (vgl. die Figuren 299, 303, 305.) Zu derselben Gruppe gehören die Kathedralen von Sens, Senlis und Bourges.

Waren dies recht eigentlich nur Uebergangsstufen, so gewinnt nun mit dem Anfang des 13. Jahrhunderts bei einer nahe zusammenhängenden Reihe von Kathedralen der neue Styl eine schärfere Consequenz der Durchführung. Die schwere, düstere Anlage macht einer leichteren, freieren Platz, die Emporen werden beseitigt und dafür Triforien angebracht, die Fenster, die nun ein vollständiges Maßwerk erhalten, werden länger und breiter gebildet, an Stelle der quadratischen Gewölbe treten schmale Gewölbjoche. Damit hängt dann die Entwicklung des Pfeilers (vgl. Fig. 308) zusammen*). In den Kathedralen von Laon und Paris und anderen Frühbauten hatte man schwere säulenartige Rundpfeiler, bisweilen mit einer für die Ge-

Fig. 311. Fenster vom Hôtel de la Trémouille.

*) Fig. 308—314 entnehmen wir Viollet-le-Duc's Dictionnaire.

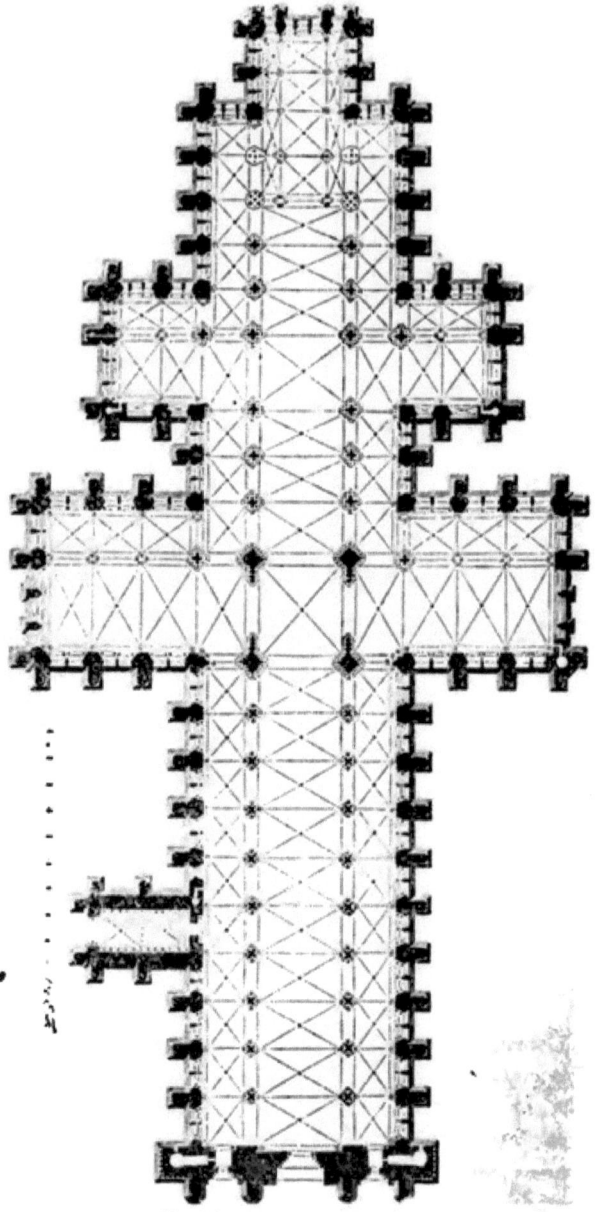

Fig. 315. Kathedrale von Salisbury.

wölbrippen angelehnten Säule wie bei E, auch wohl einen ovalen Pfeiler wie bei F (Kathedrale von Seez), oder gar gekuppelte Rundpfeiler wie bei D (Kathedrale von Sens) angeordnet. Jetzt errichtet man einen mit vier Diensten gegliederten Rundpfeiler (A) und giebt ihm die in B gezeichnete Entwicklung. Demnach schließt

Fig. 316. Pfeiler. (Kathedrale von Salisbury). Fig. 317. Triforium.

derselbe als Arkadenpfeiler mit einem Kapitälkranz, auf welchem (vgl. bei C den Durchschnitt durch das Triforium) fünf gebündelte Dienste, der stärkste d für den

Fig. 318. Kathedrale von Salisbury.

Quergurt, die schwächeren e für die Kreuzrippen, die noch schwächeren f für die Schildrippen, sich erheben, durch die Gesimsbänder g und h, die das Triforium begränzen, zusammengehalten. Letzteres, a b', besteht anfangs aus einer schlichten spitzbogigen Säulengalerie; ebenso sind die Fenster noch einfach behandelt. Die erste Kathedrale dieser Reihe ist die von Chartres, mit Ausnahme der älteren Façade bis zum Jahre 1260 erbaut. Hieran schließt sich die Kathedrale von Reims, deren Chor von 1212 bis 1241 ausgeführt wurde, worauf bis gegen Ende des Jahrhunderts der übrige Bau folgte. Die Pfeiler (Fig. 309 auf Seite 94) haben noch die attische Basis mit dem Eckblatt des romanischen Styles und erheben sich auf einer achteckigen gemeinsamen Plinthe B, aus welcher die Sockel der einzelnen Dienste sich entwickeln (vgl. außerdem Fig. 208.) Erst an dem dritten Monumente dieser Reihe, der Kathedrale von Amiens (1220—1258), erreicht die französische Gothik das Gepräge des voll-

kommen klar durchgeführten Syſtems, welches ſodann am Chor der Kathedrale von
Beauvais (1269—1272) und vielen anderen Bauten weitere Verbreitung fand.
Wir fügen unter Fig. 310 eins der ſchönen Pfeilerkapitäle von Amiens bei, an
welchem die Kapitäle der Dienſte minder hoch ſind als die des Pfeilerkerns; ſodann
möge Fig. 311 die herrliche Galerie der Façade mit ihren durchbrochenen Arkaden

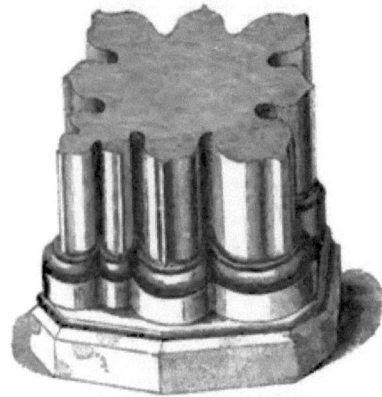

und der Reihe von Königsſtandbildern
darüber veranſchaulichen (vgl. auch Fig.
278, 287, 296.) Zu den wichtigſten
Bauten des 13. Jahrhunderts gehören
noch die Ste. Chapelle zu Paris, d. h.
die Kapelle des königlichen Palaſtes, er=
baut von 1243 bis 1251 (vgl. die Figg.
276, 283, 304), ferner der großartige
Chor der Kathedrale von le Mans (ſeit
1217), die Kathedralen von Tours,
Auxerre, die bedeutenden Denkmale der
Normandie, vorzüglich die Kathedrale
von Coutances, die Kathedrale von
Rouen (Fig. 306) und die zierliche

Fig. 319. S. Maro zu Dort.

Kirche S. Ouen daſelbſt; endlich noch in der ſpäteſten Zeit die impoſante Kathe=
drale von Orleans. Von einem der annuthigſten Gebäude des 13. Jahrhunderts,
dem Refectorium von S. Martin des Champs zu Paris, geben wir unter Fig. 312
ein Kapitäl der ſchlanken Säulen, die den Bau in zwei Schiffe theilen.

Fig. 320. Kathedrale von Salisbury.

Fig. 321. Kathedrale von Lichfeld.

Die ſpätere Zeit der gothiſchen Architektur in Frankreich, namentlich ſeit dem
Beginn des 15. Jahrhunderts bringt jene reiche und willkürliche Decorationsweiſe
hervor, welche die Franzoſen als Flamboyantſtyl bezeichnen. Der Ausdruck iſt
zunächſt von dem Fenſtermaßwerk hergeleitet, deſſen Figuren aus flammenförmigen
Muſtern (den ſogenannten Fiſchblaſen) zuſammengeſetzt ſind. Auch ſonſt erſcheinen
die Formen vielfach phantaſtiſch umgeſtaltet, geſchweifte Kielbögen werden, beſonders
an den Portalen, häufig angewendet, und die Flächen mit glänzender Decoration

in ähnlich willkürlichen Formen überkleidet. Auch an den Gewölben kommen, in Verbindung mit dem complicirten Rippensystem der netz- und sternförmigen Anordnung, mancherlei Maßwerkmuster vor. Außerdem wird ein teckes Spiel mit den wichtigsten Elementen der Structur getrieben, indem man die Rippen an dem einen Endpunkte von einer freischwebenden Console aufsteigen läßt, wie es sammt den übrigen Formen dieser Zeit namentlich an dekorativen Werken, z. B. am Lettner der S. Madeleine zu Troyes vom Jahre 1506 vorkommt. Von der reichen Gliederung, welche die Pfeiler schon seit dem 14. Jahrhundert erfahren, gibt Fig. 313 eine Anschauung. Im südlichen Frankreich erfährt die gothische Architektur bis-

Fig. 322. Chor der Kathedrale von Lincoln.

weilen eine auffallende Vereinfachung und Umgestaltung wie an den Kathedralen zu Alby und Poitiers; andere dagegen, wie die Kathedralen zu Dijon, Lyon, Clermont, Narbonne, Limoges, Bordeaux nehmen den reich entwickelten gothischen Styl vollständig auf. In der Schweiz schließen sich die Kathedralen von Genf und Lausanne demselben Systeme an.

Die Profan-Architektur ist in Frankreich durch zahlreiche prächtige Denkmale vertreten. Wir nennen nur den Justizpalast zu Rouen; das Haus des Jacques Coeur in Bourges; das Hôtel de Cluny zu Paris; das Schloß Meillan; das Hospital zu Beaune in Burgund. Um eine Vorstellung von dem zierlich reichen Style des französisch-gothischen Profanbaues zu geben, fügen wir unter Fig. 314 nach Viollet-le-Duc ein Fenster des im Jahre 1841 zu Paris zerstörten Hôtel de la Trémouille bei. Ein steinerner Kreuzstab theilt das Fenster, das durch eine durchbrochene Maßwerkkrönung, den Wimpergen der Kirchenfenster entsprechend, reichen Schmuck erhält. Ebenso ist die Fensterbrüstung mit Maßwerk bedeckt.

In den Niederlanden verbreitete sich bald von dem benachbarten nordöstlichen Frankreich aus der dort herrschende strenge gothische Styl, der in seiner primitiven Gestaltung selbst während der späteren Epochen in Uebung blieb. Früh und streng erscheint S. Gudula in Brüssel, elegant entwickelt der Chor der Kathedrale zu Tournay, und als eins der großartigsten Denkmale die Kathedrale von Antwerpen. — In Holland, wo das gothische System im Allgemeinen etwas nüchterner aufgefaßt wird, steht die Kathedrale in Utrecht als eins der stattlichsten Werke da.

Arkadenbögen des Schiffes auf, denn die Gewölbdienste setzen über den Arkaden, (Fig. 323) oft erst in der Triforienhöhe auf reich geschmückten Kragsteinen auf. So wenig wird hier ein organisches Aufwachsen des ganzen constructiven Systems angestrebt.   Damit hängt zusammen, daß sich in England am frühsten jene reicheren Formen der Gewölbe, die Stern= und Netzgewölbe ausbildeten. Schon um die Mitte des 13. Jahrhunderts sehen wir an den Kapitelhäusern zu Lichfield, Salisbury und York das Sterngewölbe hervortreten, und seit dem Beginn des 14. Jahrhunderts verdrängt dasselbe in immer reicherer Ausbildung das einfache

Fig. 326. Vorhalle der Kathedrale von Lichfield.

Kreuzgewölbe fast vollständig.   Die Triforien zeigen oft einen ganz breit ge= spannten stumpfen Bogen wie Fig. 317 die Kathedrale von Salisbury, oder den lanzetförmigen, auch wohl einen gebrochenen Bogen wie Fig. 323 das Münster zu Beverley.   Die Fenster sind im 13. Jahrhundert fast immer einfach spitzbogig, und zwar meist in Lanzetform, oft von Säulengalerien eingefaßt, die mit Umgängen ver= bunden sind wie bei Fig. 323. In der ersten Zeit blieb man dabei stehen, oft mehrere Fenster oder Oeffnungen neben einander zu gruppiren (vgl. Fig. 324).   Auch die großen Fensterrosen finden sich selten.   Die Profilirung der Gewölbrippen und Arkaden erhielt eine bewegtere, allein doch ziemlich willkürliche Gestalt, die oft mit Zickzacks, Sternen und ähnlichen Formen geschmückt wurde.   Nicht minder eigenthümlich behandelte man die Ornamentik. Man gab den Kapitälen eine gedrückte kelchartige Form, die man (vgl. Fig. 316, 317, 323) mit mehreren Ringen ziemlich kraftlos und einförmig umzog: bisweilen dagegen erschöpft sich die Phantasie im Hervorbringen eines krausen, verworrenen, übertrieben ausladenden Laubwerks (vgl. Fig. 320, 321, 322.) Auch die Basen der Dienste bildete man in schwächlicher Weise durch Ringe und stellte sie gemeinschaftlich auf einen kraftlosen

runden Wulst, wie bei Fig. 318, wobei wohl das romanische Eckblatt in geschmackloser Art zur Verwendung kommt; oder man fügte wie bei Fig. 319 einen polygonen Sockel hinzu, ohne jedoch aus ihm die Einzelformen für die Dienste organisch hervorwachsen zu lassen. Der Sinn für das Organische, Gesetzmäßige fehlt eben überall in der englischen Baukunst. Dabei erhielten die Kirchen gedrückte Verhältnisse, die hinter denen der französischen Kathedralen zurückbleiben.

Das Aeußere gestaltet sich dem Inneren entsprechend. Die Strebepfeiler sind meistens einfache, mit Giebeldächern geschlossene Massen (vgl. Fig. 324, 325), die sich kaum über den Anfang des Daches erheben und selten von einer Fiale bekrönt werden.

Fig. 327. Fenster aus der Kapelle des King's-College. Cambridge.

Aehnlich werden auch die Strebebögen, wo man sie wegen der geringen Höhe des Oberschiffs nicht etwa ganz fortgelassen hat, in schlichtester Form angelegt. Die Portale sind meistens niedrig und erhalten nur dadurch einige Höhe, daß sie nicht mit geradem Sturz bedeckt sind, sondern im Spitzbogen sich öffnen, so daß also das Bogenfeld verloren geht oder beschränkt wird. Oft ist ihnen eine Vorhalle vorgelegt, welche in England gewöhnlich den Namen Galiläa trägt. Wie spielend auch diese Theile dekorirt, wie die großen Bogenöffnungen an Portalen und Vorhallen sogar mit Zackenbögen besetzt werden, zeigt u. A. die Kathedrale von Lichfield (Fig. 326.) Die Dächer sind ungemein niedrig und werden

durch Vermehrung und netzförmige Kreuzung der Rippen wie in anderen Ländern,
theils durch das hier entstandene fächerförmige Gewölbe, welches mit seinen un-
zähligen Rippen sich auf und nieder schwingt und freischwebende, niederhängende
Schlußsteine hat, die gleich den Kappen selbst durch ein buntes Spiel von geometrischen Figuren geschmückt werden (Fig. 329).

Zu den bedeutendsten Denkmälern gehören außer der bereits erwähnten
Kathedrale zu Canterbury die Templerkirche und die Westminsterkirche zu
London, sowie die Kathedralen von Salisbury, Lincoln, Worcester und
Lichfield; ferner die Kathedrale von York, die Ruinen der Abtei Melrose u. A.
Die üppige decorative Blüthe des spätgothischen Styles entfaltet sich vorzüglich in
kleineren, den Kathedralen hinzugefügten Werken, namentlich in der Lady Chapel,
dem Kapitelsaale, den Kreuzgängen. Zu den bemerkenswerthesten Beispielen die-
ser Art gehören die Kreuzgänge der Kathedrale von Gloucester, die Kapelle des
Kings-College von Cambridge (vgl. Fig. 327); endlich das reichste Bauwerk
dieses Styles, die Kapelle Heinrich's VII. zu Westminster in London (Fig. 329).
Eine ganz besondere Anlage, meistens polygon mit reichem Gewölbe, erhalten die
Kapitelhäuser, die stets mit den Kathedralen und deren Klöstern verbunden werden.
So zu Wells, Salisbury, York, Lichfield, Worcester und Lincoln.
Auch die Anlagen der großen gelehrten Schulen und wissenschaftlichen Stiftungen,
der sogenannten Colleges, sind oft mit großem Aufwand durchgeführt. Bei ihnen
wie bei den meisten Kapitelhäusern und selbst im Hauptschiff der Kirchen wird oft
als Decke ein reich verzierter hölzerner Dachstuhl angewendet, dessen Formen
abermals das große Decorationstalent der englischen Schule erkennen lassen
(Fig. 330). Endlich tritt namentlich der spätgothische Styl an zahlreichen Burgen
stattlich auf.

Die skandinavischen Länder, deren Steinbau wir schon in romanischer
Zeit abhängig von fremden Einflüssen fanden, gehorchen auch in gothischer Epoche
äußeren Einwirkungen. Der Dom zu Upsala, seit 1287 durch den französischen
Baumeister Etienne de Bonneuil erbaut, hat einen Chorschluß mit Kapellenkranz gleich den Bauten Nordfrankreichs. — Der Dom zu Drontheim, das
prachtvollste, leider jetzt großentheils zerstörte Denkmal dieser Länder, erinnert entschieden an die englisch-gothischen Kathedralen.

3. In Deutschland.

Auch hierher gelangte der gothische Styl zuerst offenbar durch Uebertragung,
wenngleich der früheste Zeitpunkt einer solchen etwa um vierzig Jahre später eintrat
als in England. Daher kommt es, daß die strenge, ursprüngliche Auffassung des
gothischen Styls, die in Frankreich so zahlreich sich kundgiebt, in Deutschland nur
vereinzelt auftritt. Vielmehr wird er hier in seiner vollendeten Gestalt aufgenom-
men und fortgebildet. Daneben tritt auch die Hallenkirche schon in frühgothischer
Zeit auf. In ihr gewinnt der gothische Styl einen durchaus neuen Charakter.

Indem die Seitenschiffe zu gleicher Höhe mit dem mittleren emporgeführt werden, (Fig. 331) bekommen die Pfeiler eine schlankere Gestalt. In der Regel behalten sie die runde Grundform mit angelehnten acht oder vier Diensten bei, werfen in späterer Zeit, etwa seit der Mitte des 14. Jahrhunderts, dieselben jedoch häufig fort und stehen als hohe, nackte Rundpfeiler da, aus deren Kapitälgesims die Ge= wölbrippen hervorgehen. Manchmal findet man achteckige Pfeiler, mit Bündeln oder ohne dieselben. Sodann wurde bei dem Bestreben nach freien, lichten Räumen der Abstand der Pfeiler sowie die Breite der Schiffe immer bedeutender, so daß eine quadratische Stellung der Stützen für das Mittelschiff, eine beinahe eben so breite Anlage des Seitenschiffes zur Regel wurde. Das Querschiff fiel hierbei in der Regel fort, und auch den Chor bildete man gewöhnlich in entsprechend einfacherer Weise, und zwar vorwiegend aus dem Achteck, ließ auch den Kapellenkranz und den

Fig. 331. Querdurchschnitt einer Hallenkirche.

Umgang fort. Dagegen enden die Seitenschiffe manchmal mit polygonen Nebenchören. Die Fenster mußten eine bedeutende Höhe erhalten, wollte man nicht zu mangelhafte Beleuchtung und zu große Mauerflächen haben. Zuerst brachte man wohl wie an der Elisabethkirche zu Marburg je zwei über einander an. Bald kam man aber dazu, das Fenster in ganzer Länge bis auf die ziemlich tief angebrachte Fensterbank hinunterzuführen, gab aber dann in der Regel, zu größerer Befestigung der Stäbe, durch eingespannte Maßwerkmuster in Form von Galerien eine Zwei= oder Drei= theilung auch der Höhe nach. Die Breite der Fenster entfernte sich dagegen nicht erheblich von den hergebrachten Maßen, wodurch freilich bei den großen Abstand= weiten jederseits noch beträchtliche Wandflächen frei blieben. Am Aeußeren beherrscht das ungeheure Dach, welches sämmtliche Schiffe bedeckt, den Gesammteindruck in etwas unerfreulicher Weise. Doch ergriff man das Mittel niedrigerer Quergiebel, welche, den einzelnen Pfeilerabständen entsprechend, sich mit ihrer durch Maßwerk

Fig. 332. Sacramentshäuschen zu Fürstenwalde.

Fig. 333. Von den Chorstühlen zu Altenburg.

belebten Fläche für die Seitenansicht nicht ungünstig erwiesen. Ein großer Fort=
schritt wurde in Westpreußen (und an einigen Kirchen im nördlichen Holland) gethan,
als man der Länge nach jedem Schiff ein besonderes Dach gab, dessen Giebel für
die künstlerische Entwicklung der Façade einflußreich wurde. Im Uebrigen breiten
die Mauerflächen in ungeschmückter Weise sich aus; die Strebepfeiler, meistens ein=
fach, bisweilen mit einer Fiale bekrönt und an der Vorderseite mit Statuen geziert,
steigen in ganzer Höhe bis zum Dachgesims auf; auch am Chorschluß macht eine
ruhige, vereinfachte Form sich geltend, und endlich wird die Façade häufig nur
durch einen Mittelthurm ausgezeichnet.

Auch für Deutschland lassen sich in der Ausübung des gothischen Styls drei
Haupt=Epochen, entsprechend dem Entwicklungsgange der anderen Länder, unter=
scheiden, nur daß hier der Beginn der Epochen etwas später, in manchen Gegenden
fast um funfzig Jahre zurückdatirt werden muß. Der strenge Styl des 13. Jahr=
hunderts ist spärlicher vertreten als in Frankreich und England, ja in der ersten
Hälfte jenes Jahrhunderts drängt die neue Bauweise nur vereinzelt neben der
fortbestehenden romanischen Kunst sich ein. Der freie Styl des 14. Jahrhunderts
bildet sich gerade hier zur schönsten Vereinigung von Anmuth und Hoheit aus.
In dieser späteren Zeit steht Deutschland an der Spitze der architektonischen Be=
wegung, ja sein Styl wirkt selbst auf Frankreich zurück, und seine Baumeister werden
fernhin nach Spanien und Italien gerufen, wo die gothische Architektur unter dem
Namen des deutschen Styles (maniera tedesca) bekannt ist. Der decorative
Styl, der bis tief in's 16. Jahrhundert hineinreicht, steigert sich weder zu der
üppigen Verschwendung, noch zu der völligen Auflösung der Formenwelt in ein
phantastisches Spiel, wie in England. Der Eselsrücken und die Fischblase sind
auch hier überwiegend gebraucht; im Innern herrschen reichere Gewölbanlagen,
Stern= und Netzgewölbe aller Art. Die Profilirungen des Maßwerks verlieren an
elastischer Spannung, die Stäbe durchschneiden sich oft in unruhiger Weise (Fig. 332),
das Laubwerk erhält eine theils schwülstige, theils knöcherne, bucklige Form, und
zuletzt entartet die Steinbildung so weit, daß sie in Nachahmung verschlungenen
Baumgeästes sich ergeht. An den Stämmen der Tragsäulchen, an Sockeln und
Basen, erscheinen mancherlei bunte Muster, rautenförmige und rundliche Stab=
verschlingungen, besonders aber Stäbe, die in Spiralwindungen den Schaft be=
decken. Schließlich findet auch oft eine Verbindung mit den Formen der neu auf=
tauchenden Renaissance statt. Wir fügen unter Fig. 333 eine Abbildung von den
Chorstühlen der Stiftskirche zu Altenburg bei, an denen sich die meisten Eigen=
heiten dieser Spätzeit vereint finden.

Bei der Aufzählung der einzelnen Denkmäler, wo wir ebenfalls nur das
Wichtigste kurz hervorheben können, werden wir zwei Hauptgruppen zu sondern
haben, die sich nach dem verschiedenen Material von selbst ergeben. Im nord=
deutschen Tieflande, wo wir schon in romanischer Zeit den Ziegelbau antrafen,
finden wir auch jetzt eine Fortbildung der Backstein=Architektur, die den

gothischen Formen eine gewisse, dem Material entsprechende Umwandlung gegeben hat, und deren Denkmäler gesondert zu betrachten sind.

a. Hausteinbauten.

Die Bauwerke, an denen zuerst die gothischen Formen auftauchen, zeigen dieselben noch im Kampfe mit romanischer Ueberlieferung. So das zehnseitige Schiff von S. Gereon zu Köln, 1212 bis 1227; ferner der Chor des Doms zu

Fig. 334.   S. Stephansdom zu Wien.   Inneres.

Magdeburg, gegen 1211 begonnen. Consequenter tritt dagegen der Styl an der Liebfrauenkirche zu Trier (1227—1244) und der Elisabethkirche zu Marburg auf, die von 1235—1283 als erste gothische Hallenkirche erbaut wurde. Seinen Höhepunkt erreicht der Styl am Dom zu Köln, dessen Chor von 1248—1322 ausgeführt, eins der großartigsten Werke der gothischen Bau-

kunst ist (vgl. die Figuren 263—266, 289, 291, 307.) Ueberaus glänzend ist
sodann die Katharinenkirche zu Oppenheim, edel mit seinem durchbrochenen
Thurmhelm das Münster zu Freiburg und die Kathedrale zu Straßburg
mit ihrer von Erwin von Steinbach im Jahre 1277 begonnenen Façade.
Durchbrochene Thürme zeigen u. A. das Münster zu Thann im Elsaß, der Dom
zu Frankfurt am Main, die Frauenkirche zu Eßlingen. Weiterhin gehören
hierher der Dom zu Regensburg, S. Sebald und S. Lorenz zu Nürnberg,
die Marienkirche zu Reutlingen, der Chor des unvollendeten Domes zu Prag,
die Barbarakirche zu Kuttenberg, der Chor des Doms zu Augsburg, die fünf-
schiffigen Münster zu Ulm und zu Ueberlingen, und der kleinere, aber edle Dom
zu Halberstadt (Fig. 290).

　　Die größere Mehrzahl der gothischen Kirchen Deutschlands vertritt die Hallen-

Fig. 335. Jakobskirche zu Rostock.　　　　　Fig. ... Marienkirche in Lübeck.

form, deren Charakter wir bereits oben schilderten. Hierher gehört der Dom zu
Meißen, sodann die Liebfrauenkirche zu Nürnberg, endlich der Stephansdom in Wien mit seinen kühn entwickelten Schiffen (Fig. 334) und dem durchbrochenen Thurme der Südseite. Ferner die h. Kreuzkirche zu Gmünd, die Michaels-
kirche zu Schw.-Hall, die Kilianskirche zu Heilbronn, die Georgskirchen zu
Nördlingen und zu Dinkelsbühl. Sodann in Westfalen das Langhaus des
Doms zu Minden, die Marienkirche zu Osnabrück, die Stiftskirche S. Maria
vor Herford, die Marienkirche zur Wiese in Soest, die Liebfrauenkirche
und S. Lamberti zu Münster. In Sachsen gehören zu den stattlichsten
Bauten der Spätzeit die Nikolaikirche zu Zerbst, die Marienkirche zu Zwickau,
die Marktkirche zu Halle und die Peter-Paulskirche zu Görlitz.

b. Backsteinbauten.

　　Das Backsteinmaterial finden wir in den Küstenländern Preußen, Pommern
und Mecklenburg, in den brandenburgischen Marken, westlich am Niederrhein bis
nach Hannover. Der Grundriß der Kirchen formt sich theils nach dem Vorbilde

des französischen Kathedralenstyls mit niedrigen Seitenschiffen, oft mit Chorum-
gang und Kapellenkranz, theils, und zwar überwiegend, nach dem schlichteren Plane
der Hallenkirche. Die Pfeiler werden nur in der ersten Zeit ausnahmsweise rund
gebildet; bald gibt man ihnen eine für den Ziegelbau angemessenere vier- oder
achteckige Form (vgl. Fig. 335 und 336), deren Seiten man indeß durch vorgelegte
Bündelsäulen, auf den Ecken durch Einkerbungen und ähnliche Glieder, zu beleben
weiß. Erst in späterer Zeit läßt man sie ohne Dienste aufsteigen. Die Sockel
bildet man in einfachster Weise, oft nur durch eine Schmiege, die Kapitäle werden
bisweilen mit Laubwerk aus gebranntem Thon geschmückt, der Regel nach indeß
durch wenige Glieder bezeichnet. Runde oder eingekehlte Glieder, mit runden
wechselnd, bilden das Profil der Scheidbögen, welches in späterer Zeit jedoch
nüchterner durch Auskantungen hergestellt wird. Die Fensterwandungen sind gewöhnlich rechtwinklig gemauert, an den Ecken wohl mit einem feinen Rundstabe
eingefaßt. Ihre Pfosten zeigen sich in derber Profilirung und bilden nur selten, und
dann meist in der frühgothischen Epoche, ein Maßwerk von einfachen Formen. Meistens
schließen sie sich blos in besonderen Bögen zusammen oder stoßen, unvermittelt auf-
steigend, in die Umfassung des Fensters. Ueberhaupt herrscht im Aufbau des Inneren
ein massenhaftes Verhältniß; neben den Fenstern bleibt viel Mauerfläche übrig.
Die Gewölbe sind in früherer Zeit mit Kreuzrippen gebildet; im Laufe des 14. Jahrhunderts kommen aber, namentlich in den preußischen Ordensländern, reich entwickelte Stern-, Netz- und Fächergewölbe auf. Das ganze Innere ließ man
unverputzt in natürlicher Farbe des Materials stehen; nur die Gewölbkappen wurden
geputzt und in der Regel mit Gemälden ausgestattet. Am Aeußeren macht sich der
massenhafte Charakter noch entschiedener geltend. Die großen Flächen, die Strebepfeiler, die Thürme sind überwiegend schmucklos behandelt. An den Hauptgesimsen
verwendet man gern die schon in der früheren Epoche gebräuchliche Form durch-
schneidender Bogenfriese, nur daß dieselben jetzt spitzbogig werden (Fig. 337). Wo
niedrige Seitenschiffe angeordnet sind, hat man meistens die Strebebögen fortgelassen, oder sie unter dem Dache versteckt. Sehr beliebt ist es in diesem Style,
die Strebepfeiler nach innen zu ziehen und in ihre Zwischenräume Kapellen anzuordnen. Der Thurm, in massenhafter Behandlung, durch Blenden oder große
Schallöffnungen belebt, entfaltet sich oft, die ganze Breite der Kirche einnehmend
oder noch über dieselbe vorspringend, zu einem besonderen Vorhallenbau, der sich
dem Langhause anschließt. Die spätere, auf reicheren Schmuck bedachte Entfaltung
des Styls gab auch dem Aeußeren eine lebendigere Wirkung, die jedoch mehr einen
decorativen Charakter trägt. An Gesimsen, Strebepfeilern, Portalen, Giebeln, ja
endlich selbst an fast allen Flächen, ordnete man zierliche, aus mathematischen
Mustern bestehende, in Thon gebrannte und glasirte Friese und selbst ausgedehntere
Ornamentstücke, welche mit ihrem bunten Farbenwechsel von Roth, Schwarz, auch
wohl Gelb, eine anziehende Wirkung hervorbringen. Ja sogar freistehende, gitter-
artige Decorationsstücke solcher Art führte man wohl an den Façaden und besonders

reich zu Hannover. Von einfacherer Behandlung des Aeußeren gibt der Artus=
hof zu Danzig ein Zeugniß. Die Krone unter den Schöpfungen dieses Styls
gebührt jedoch dem Schloß zu Marienburg, von dessen großem Remter wir
eine Abbildung beifügen (Fig. 340).

4. In Italien, Spanien und Portugal.

In ein von den übrigen Ländern durchaus verschiedenes Verhältniß trat
Italien zur gothischen Bauweise. Der Sinn das Südens liebte mehr weite
Räume von mäßiger Erhebung und ausgedehnten Wandflächen, auf denen sich die

Fig. 340. Ordensremter der Marienburg.

Malerei ergehen konnte. Freie Raumanordnungen von mäßiger Höhe bleiben
demnach überwiegende Tendenz der italienischen Architektur. Die Abstände der
Schiffpfeiler sind licht und weit; die Richtung geht mehr in die Breite als in die
Höhe. Das Aufstrebende des Styls wird nur bedingt zugelassen, und durch die
mächtig ausgesprochene Horizontale in Schranken gehalten. So erhebt sich auch
das Mittelschiff in geringerem Maße über die Abseiten, und hat in seinen Ober=
wänden geringe Lichtöffnungen. Diesem Verhältniß entsprechend gestaltet sich die
Pfeilerbildung wesentlich verschieden. Der schlanke Bündelpfeiler weicht einem
mehr körperlichen, vier= und achteckigen Pfeiler oder einer Rundsäule; die Gewölb=
rippen haben statt des scharf elastischen Profils eine breite, rundliche, durch aufge=
malte Muster belebte Form. Besonders werden die Wandflächen wieder in ihr
Recht eingesetzt, indem der Umfang der Fenster gemindert wird. Auf diesen Wand=

seltern entwickelte sich die italienische Malerei zu jener Höhe, welche die Bewunderung aller Zeiten ist.

Am Aeußeren herrschen in gleicher Weise die ruhige Fläche und die Horizontallinie vor. Der Strebepfeiler wird auf das durch die Construktion erforderte Maß zurückgeführt und als einfacher Mauerstreifen, nach dem Vorbilde der Lisenen des romanischen Styls, behandelt. Kräftige Gesimse betonen die horizontale Richtung,

Fig. 341. Dom zu Orvieto. Façade.

mit welcher denn auch die schwach ansteigenden Dächer nicht in Widerspruch stehen. Die Kuppel auf der Kreuzung von Langhaus und Querschiff wird auch jetzt mit Vorliebe angewendet. Der Thurmbau endlich wird ebenfalls ausgeschlossen, da man sich nach wie vor damit begnügt, einen Glockenthurm (Campanile) in der Nähe der betreffenden Kirche zu errichten. Die Façade gliedert sich daher nach Maßgabe des Langhauses, dessen Gestalt sie anzudeuten hat, jedoch überragt sie dieses an Höhe oft um ein Beträchtliches und wird als prunkendes Schaustück behandelt.

Fig. 342. Glockenthurm des Doms zu Florenz.